한국 최초·유일한 국제적인 Certified Thewealthymind Trainer가 쓴
돈과 부를 부르는 부자 마인드 전략

헬로우,
머니!
(Hello, money)

박진희 지음
((주) 한국비즈니스코칭 대표)

건강다이제스트社

책을 펴내면서

돈과 부에 관한 당신의 신념은 어떻습니까?

신념을 바꾸면 당신의 삶을 바꾸는 것입니다. 당신의 눈앞에서 제한신념이 없어져 버리는 것을 볼 수 있습니다. 신념의 변화 과정 후에 내 미래의 꿈을 실현할 수 있다는 것에 더 안도감을 느꼈습니다. 신념 변화의 결과 크나큰 변화가 내 삶 전체에서 일어났습니다. 돈에 관해서만이 아니라 삶의 모든 영역에서 긍정적 변화를 하려는 사람들에게 변화의 구체적인 방법에 대해 코칭해 줄 것입니다.

NLP 코칭 관련 프로그램을 공부할 경험을 갖기 위해 필자가 참여했던 미국의 유명한 NLP 개발자 그룹의 일원인 Tim & Kris Hallbom의 The Wealthy Mind Program 의 Training은 응용심리학으로서의 NLP의 실용성을 더욱 높여 주었습니다.

과거에 "나는 돈에 관심이 많지 않다. 돈이 다가 아니다." 라고 말하곤 했지요. 이것이 바로 나도 모르는 새에 내 안에 붙어 있었던 돈에 대한 신념이었지요. 교육 훈련 중에 Tim은 돈에 대한 나의 신념에 대해 몇 가지 질문을 했습니다.

"대부분 많은 사람들도 당신처럼 돈보다 더 중요한 것들이 있다고 말하지만, 그렇게 말하는 사람들이 무엇을 하고 있다고 생각합니까? 돈을 벌기 위해 나가서 일을 하면서도 돈에 관심이 없다고 말하는 거, 그건 아주 전형적인 부정(classic denial) 스타일이지요. 당신이 돈에 관심이 없다고 말한다면 당신이 금전적으로 성공할 수 있다고 생각합니까?"

"아니, 아마 그렇지 않을 것입니다." 처음으로 나는 내 자신에게 정직해졌습니다. 미묘한 변화가 나의 머릿속에서 진행되고 있었고, 이 경험은 내 인생에 큰 전환점이 되었습니다. 돈에 대한 나의 제한 신념을 알아냈고, 내게 힘을 부여해주는 새로운 신념을 얻음으로써 새로운 행동을 시도할 수 있었습니다. 내 가족을 진심으로 사랑하고 내 시간을 소중하게 여기고 내 삶을 스스로 관리하고 싶어서 돈에 관심이 있다는 것을 부인하던 습관적 신념을 바꾸었습니다. 가족, 건강, 직업, 인간관계와 같은 나에게 중요한 것들이 언제나 최우선이며, 나는 한다고 하면 내가 원하는 것을 가질 수 있기 때문에 돈도 지배할 수 있다고 결심했습니다. 돈을 벌기 위해서 또는 무엇이든 가능하게 하는 신과 같은 돈을 위해서가 아니라 돈을 지배하는 방법을 아는 부자가 될 수 있다는 새로운 신념을 가지게 되었습니다.

샌프란시스코에서 The Wealthy Mind Program의 트레이너 자격 훈련을 받으면서 갖게 된 돈과 부에 대한 새로운 자각과 어릴 때부터 자라면서 은연중에 몸에 붙어 있던 오래된 생각들이 바로 나의 신념 체계의 일부인 제한신념의 확인, 그리고 새로운 신념으로 바꾼 후 내 삶의 모든 면들이 극적으로 변했습니다. 나 자신을 관리할 다시 새로운 목표를 가지게 되었고, 새로운 직업을 다시 시작했고, 가정에서 사회에서 사람들과 보다 나은 관계를 가지게 되었습니다. 더 늦기 전에 내 인생에서 할 수 있는 소망을 갖게 되었고, 나의 미래를 재설계하도록 내 안에서 나를 재촉했습니다.

시중의 서점들에는 여러 가지 성공학에 관한 책들과 부자로 성공한 사람들의 성공 스토리에 관한 책들이 많이 진열되어 있지요. 이 책들에서도 많은 지혜를 배울 수 있지만 현실에서는 그런 책을 읽은 사람들이 모두 성공하여 성공과 부를 얻을 수는 없을 것입니다. 혹시 어떤 독자들은 그러한 책들의 가르침을 통해서 되지 않은 일을 한탄하는 일이 많은 것은 아닐까요?
저 또한 『비밀(The Secret)』이라는 책을 읽고 시각화, 긍정적 선언도 해보았고, 성공과 멋진 외모를 상상했습니다. 전에는 들어본 적이 없는, 끌어들임의 법칙(The Law of Attraction)과 우리의 생각이 어떻게 현실을 창조해내는가, 어떻게 원하는 결과를 시각화해야 하고 그것을 달성할 것인가, 그리고 즐거운 경험을 느껴보며 그것을 생활 속에 긍정적 행동으로 실천해야 한다는 것 등은 공감했던 것이 사실입니다. 그러나 그 책 속에서 매우 뛰어나게 성공한 사람들이 그들이 가진 것을 성취했던 방법을 우리에게 보여 주었을까요? 기회가 올 때 기회를 잡는 것 외에 어떻게 하라는 걸까요?

만약 우리가 기회를 보지 못하게 하는 제한신념 송이를 가지고 있다면 어떡할까요? 우리 자신의 내면 속의 한 자아가 '비밀'을 믿고 싶지만 또 다른 한 자아가 자신을 실패자로 폄하시키는 것 같은 정체성을 가진 사람이라면 어떠할까요?

그것은 기껏해야 방법의 일부를 말한 것뿐이 아닐까요? 과학적이고 실제적인 NLP의 강력한 실천 과정인 이 부자 마인드 프로그램 훈련을 통해 무의식 수준의 내면 핵심 신념에서 신념을 변화시키는 방법을 배웠던 저에게는 그렇게 느껴졌습니다.

그래서 부자로 성공하기 위한 변화를 시도하기 위해 진짜 '비밀'을 더 깊이 탐색해 보기로 결심했습니다. The Wealthy Mind Program 의 Training에서의 강렬한 경험과 우리의 집단 무의식의 기저를 이루고 있는 운명 예측학과 음양오행론, Kris의 우주 변화의 원리와 Richard Wiseman의 운 이론(Luck Theory)을 결합시켜 운 관리(Luck Management) 개념으로 접근해 보았습니다.

지금 세상은 커리어 불안의 시대라고들 말합니다. 어떤 식으로 경기가 파동을 치든지, 주변이 어떻게 변하든지, 나 자신만은 똑똑하게 나의 길을 확보해서 넓고 환한 길로 나아가 성공할 수 있도록 하는 의욕을 육성하는 노하우를 제공할 뿐입니다.

단순한 탁상의 이상론을 말한 것도 아니고, 나 자신의 체험에서 배우고 많은 사람들과의 경험에 의해 검증된 방법일 뿐, 독자들에게 많은 부를 얻는 일을 권유하기 위한 것은 아닙니다.

모든 사람이 큰 부자가 되기를 원하는 것도 아닐 것이며, 그것을 성취할 수 있는 것도 분명 아닙니다. 자신의 인생에 만족하고 자기를 실현하면서 자기다움을 지키고, 인생 목표에 도달할 수 있다고 하는 의욕을 갖고 인생을 살아갈 필요는 반드시 있습니다. 이 책은 자신을 사랑하고 만족한 인생을 보내기를 바라는 사람들에게 도움이 되면 좋겠다는 일념에서 제 자신이 그간 공부하고 체험한 것을 나눌 뿐입니다.

이 책이 나오기까지 The Wealthy Mind Program실행과 신념 바꾸기 실험 작업에도 직접 참여해주신 (주)한국 비즈니스 코칭의 NLP Practitioner Master 1기생들, 그리고 (주)한국 비즈니스 코칭의 Happy Coaching학회의 주춧돌이신 홍승동 이사, 안길찬 박사, 송병선 이사, 김창훈 이사, 심송 이사, 황수영 이사, 이경민 코치, 특히 이 책에 들어가는 삽화를 그려 넣어주신 재능대학의 김명

숙 교수님, 다이아그램을 만들어주신 한국 폴리텍I 대학의 이미경 박사님, 처음부터 끝까지 세밀하게 교정을 보아준 최인화 실장, 이 모든 분들이 한 마음으로 격려해주신 에너지와 믿음을 언제나 기억할 것이며, 우리 Happy Coaching학회의 발전을 위해 이 책을 바칩니다. 또 이 책이 세상에 나오도록 출판을 자청하여 모든 뒷바라지를 해주신 건강다이제스트사에 무한한 감사를 드립니다.

2008년 4월 11일 새싹 푸르른 날
(주)한국 비즈니스 코칭 대표 박진희

CONTENTS

책을 펴내면서

제 1장 돈(Money)과 부(Wealth)를 원하세요?

1. 돈과 부의 성공은 '생각하는 능력'의 산물 +16

2. 돈과 부의 성공은 태도와 자존감의 결과물 +22

3. 돈과 부의 성공은 인내의 열매 +27

4. 돈과 부의 성공은 확신의 결실 +30

제 2장 성공을 위한 자아 창조

1. 현재 있는 곳이 마음에 들지 않으면… +36

2. 우리의 삶을 지배하는 우주 변화의 패턴 +38

3. 원하는 결과를 얻는 Our Money GEO 전략 +55

4. 내 인생을 변화시키는 자아 정렬 과정 +60

5. 자아를 창조하는 비결 +63

제 3장 돈(Money)과 부(Weath)에 대한 마음가짐

1. 부자로 성공하려면 마음가짐부터 바꾸자! ⁺68

2. 돈과 부를 얻기 위한 마음가짐 3가지 ⁺71

3. 원하는 것을 얻기 위한 실천력 ⁺74

4. 부자 마음가짐 테크닉 ⁺87

5. 무의식에 각인된 부와 돈에 대한 신념을 찾아라! ⁺104

제 4장 돈과 부의 성공을 위한 자아 탐색법

1. 자신을 발견하고 분석하기 ⁺116

2. 신념의 '힘' ⁺120

3. 돈과 부에 관한 신념 ⁺125

4. 돈과 부에 대한 신념 점검 ⁺131

5. 제한 신념의 예시들 ⁺138

6. 제한 신념과 그 전제 ⁺141

제 5장 돈과 부에 대한 신념 바꾸기

1. 제한 신념의 확인 예시 .... +148

2. 신념의 재 정렬 과정 .... +152

3. 돈에 대한 신념의 변화 테크닉 .... +155

제 6장 부자 비전(Reach People Vision)

1. 자신의 시간선 발견 .... +172

2. 부자 비전 창조하기 연습 .... +175

제 7장 인생의 승부를 걸어라

1. 스스로의 삶을 준비해야 하는 시대 .... +182

2. 부자로 성공할 수 있는 두뇌 메커니즘 .... +188

3. 머니 트러블(Money Troubles) .... +193

4. 경제적 자유를 얻는 길 .... +197

5. 내 안의 성공인자 끌어내기 .... +202

제 8장 돈과 부를 위한 '운 관리'(Luck Management)

1. 위기관리 보다는 운 관리가 필수인 시대　　234

2. 운 좋은 사람이 되려면…　　239

3. 운을 관리하는 법　　248

4. 운 관리(Luck Management) 테크닉　　255

5. 돈에 대한 음양오행론　　264

6. 그냥 시작하라. 지금!　　273

제 1장

돈(Money) 과 부(Wealth)를 원하세요?

section 1

돈과 부의 성공은 '생각하는 능력'의 산물

오늘날 대부분의 사람들은 불확실한 미래 때문에 하루하루가 불안하다. 이럴 때 우리에게 가장 절실한 것은 무엇일까?

그것은 바로 사회 변화를 유연하게 감지하는 예민한 의식이 아닐까 싶다. 만약 그러한 예민한 의식 속에 있지 않으면 이런 시대적 상황에 잘 적응해 나가지 못할 것은 자명한 일이다.

언제나 경직된 의식은 사회의 변화를 유연하게 감지하지 못하고, 결국은 어디선가 벽에 부딪혀 파탄해 버리고 만다. 더구나 오늘날과 같은 물질 만능시대에 사는 우리 현대인에게 있어서 가장 신경이 쓰이는 것이 일반적으로 말하는 '재물'이 아닐까?

이른바 경제적 활동에 의해서 금전이나 물건을 얻어 생활하고 있기 때문에 돈이 이 세계를 움직이고 있다고 해도 과언이 아닐 정도다.

과연 이 돈의 시스템이 의미하는 '부'란 무엇이며 어떠한 원리에 의해서 움직이고 있는 것일까?

불황에 고민하는 현대인에게 있어서 그야말로 최대의 관심사이기도 한 부의 문제. 어느 시대나, 어떤 나라나, 또 어떤 사회에서나 유복한 사람과 궁핍한 사람의 구별이 있어왔고, 혹은 그 중간에 속하는 많은 사람들도 존재해 왔다.

금전이란 결코 영속적인 물건이 아니다. 지금까지 유복하게 살았던 사람이 돌연 몰락해서 가난하게 되기도 하고, 그와 반대의 경우도 있다. 금전은 무엇을 해도 일이 잘 안 되어 좌절을 거듭했던 가난한 사람이 돌연 성공해서 부유하게 되기도 하는 마력을 지니고 있기 때문이다. 이렇듯 부는 항상 움직이는 속성이 있다. 우리들의 부에 대한 관계는 항상 바뀔 수 있는 가능성이 있다는 것을 주변에서 수없이 보았다.

우리 자신이 부자가 될 수 있다고 생각하는 의식은 자신의 능력에 관한 태도와 신념의 혼합물이다. 삶의 풍요로움, 영적 성장, 내적 평화, 자신감 등과 같은 부자들이 가지고 있다고 하는 의식은 바로 우리 마음속에 있는 생각에서 시작한다.

자신이 부자가 될 자격이 있다고 믿거나 또는 왜 재정적 풍요가 자신에게 없는지에 관한 생각들로만 자신의 마음속을 채우고 있지 않는가?

약 80년 전에 세계적인 대 기업가이며 부자인 앤드류 카네기(Andrew Carnegie)는 부를 창조하는 진짜 비결을 발견했다고 확신하고 나폴레옹 힐(Napoleon Hill)이라는 젊은 기자에게 다른 부자들도 부자가 되기 위해 이 비결을 사용했는지 인터뷰를 해달라고 위임했다.

나폴레옹 힐은 생존한 최고의 부자 400명을 만나 인터뷰하면서 20년을 보냈는데, 그들 또한 부를 이루는 데에 똑같은 부의 청사진을 따라 했다는 것을 알아냈다. 힐은 마침내 그것을 『생각하라, 그러면 부자가 된다.(Think, and Grow Rich)』라는 책으로 출판했다.

카네기를 비롯해 훌륭하게 성공한 사람들이 부자가 되는 데에 사용했던 비결은 바로 "모든 부는 인간의 마음으로 창조된다."는 것이다. 천성이 어떻든 부는 모두 마음의 상태로 시작한다는 것이다.

NLP심리학을 실제적으로 활용하도록 동기를 부여하는 안소니 라빈스(Anthony Robbins)도 부자로 성공하는 열쇠는 부의 단순한 추구만이 아니라 부에 관한 자신의 신념과 태도를 바꾸는 것이라고 말했다.

우리는 종종 부자들은 그저 운이 좋을 뿐이거나 또는 더 열심히 일을 한다고 말하는 소리를 하지만 사실은 훨씬 더 간단하다.

부자들과 그렇지 않은 사람들 간의 차이는 돈에 관해 생각하고 느끼는 방법이다. 바로 이것이 궁극적으로 얼마를 가지게 되는지를 결정하는 핵심 요인이므로 보다 나은 수확을 원한다면 보다 나은 생각들을 심어야 할 것이다.

그런 점에서 부는 생각하는 능력의 산물이다. 부는 우리가 돈을 얼마나 많이 가지고 있는가가 아니라 돈을 모두 잃는다 해도 우리 자신 안에 우리가 가지고 있으며, 우리에게 남겨진 생각하는 능력이다.

생각이 부유한 사람들은 현재 가진 것에 관계없이 언제나 가능성을 찾고 있기 때문에 삶에서 진정으로 하고 싶은 것을 찾을 수 있다. 그러나 생각이 빈약한 사람들은 미래에 관한 두려움과 주위 사람들에 대한 불신으로 가득 차 있다.

돈을 위해 열심히 일하면서도 돈에 관심이 없다고 말하는 사람들도 상당히 많다. 그 내면을 들여다 보면 돈에 지배당하고 싶지 않은 변명에 불과하다. 이제 우리는 자신의 내면에 정직하게 마주서서 부자가 되고 싶고 돈에 관심이 있다는 것을 인정하는 것부터 부자가 되는 마음가짐을 시작할 필요가 있다. 그리고 돈이 우리 자신들을 위해 일할 수 있도록 돈을 지배하는 법을 알아야 할 것이다.

이 책을 쓰면서 많은 사람들을 만나 상담했던 경험과 기록들을 다시 들추어 보고 하나하나 떠올려 보면서 필자 스스로도 새삼 놀란 사실이 있다. 돈을 많이 가지고 있다는 것이 부자로 만들어 주지는 않는다는 것이다. 재산이 많거나 적은 것에 상관없이 정말로 여유로운 마음으로 부자 의식을 즐기고 있는 사람들이 있었지만 자신의 제한된 사고의 덫에 걸려 있는 사람들도 많았다.

결국 삶의 질을 창조해내는 것은 자신이 가지고 있는 사고의 질이라고 본다. 그 때문에 필자는 부자나 가난한 사람들에 관해서는 언급하지 않으려 한다. 단지 필자가 관심이 있는 것은 생각을 부유하게 하는 사람들과 생각을 열등하게 하는 사람들 사이의 차이는 엄청나다는 것이다.

생각을 부유하게 하는 사람들은 언제나 그들이 바라는 조건으로 가능성을 찾고 삶을 살며, 원하는 것을 이룰 방법을 어떻게든 찾으려 한다. 이들은 반드시 최고의 교육을 받거나 선천적으로 타고난 재능이 많은 것도 아니며, 단지 대부분의 사람들보다 돈에 관해 다르게 생각한다는 것 뿐이다. 이들은 돈을 버는 것은 불가사의한 과정이 아니라 하나의 기술, 즉 자전거 타기나 곡예 배우기와 같은 기술로 여긴다.

그런 반면에 생각을 열등하게 하는 사람들은 큰 집과 멋진 차를 가질 수도 있지만 머릿속은 미래에 관한 두려움과 주변 사람들에 대한 불신으로 가득 차 있다.

가진 돈이 모두 사라져 버린다 해도 괜찮을 거라는 사실을 알지 못하기 때문에 다른 사람보다 더 많이 움켜 쥔 것을 계속 지켜내려고만 한다. 우리의 열등한 생각들은 우리 자신도 모르는 사이에 우리의 무의식에 가난을 프로그래밍하여 부자가 되는 첫 계단을 결코 올라가지도 못하게 한다.

생각을 부유하게 하는 사람들 거의 모두는 비록 내일 돈을 다 잃는다 해도 몇 년 안에 다시 그것을 되찾을 수 있다고 생각한다. 따라서 생각을 부유하게 하는 사람들과 열등하게 하는 사람들 간의 차이는 자신의 마음속에 자연스럽게 지니고 있는 돈의 양이지, 은행 계좌에 입금된 돈의 양으로는 측정될 수 없다.

유산이나 복권 당첨이 된 경우처럼 갑작스럽게 큰 부자가 된 사람들이 빨리 그것을 없애버리고, 80% 정도가 이전보다 재정적 형편이 훨씬 더 나쁘게 되어버린 사례들을 심심찮게 접한 적이 있을 것이다.

이런 얘기들은 늘 토픽이나 가십거리 코너를 장식하기도 한다.

자신도 미처 알지 못한 무의식적 마음이 생각 없이 투자해 버리게 만들고, 또 불필요한 소비를 통해 예전의 재정 수준으로 되돌아가게 해버린 것이다. 돈이라는 주제는 매우 정서적인 테마이다. 많은 사람들은 정말 재정적인 상세한 세부 사항들을 친밀하게 나누며 편안하게 느끼기도 하지만 서로 적대적이 되기도 한다. 돈에게 그 정서적 힘을 주는 것은 무엇일까?

그것은 우리가 부여한 의미가 아닐까? 정말 돈이란 무엇일까? 우리의 마음은 컴퓨터와 비슷하다. 우리의 무의식 속에 자신이 이미 부자이고 앞으로 더 많은 돈을 벌어서 어디서 부유한 삶을 살 수 있게 될지 인식하고 지금까지의 프로그램을 다시 재 프로그래밍 하는 것이 좋을 것이다.

무의식에 프로그램 되어 있는 열등한 생각들의 덫에 빠지고 싶지 않다면 돈을 벌기 전 우리의 마음속에 꿋꿋이 자리할 부유한 생각들의 공간을 만드는 것이 더 중요할 것이다.

section 1

돈과 부의 성공은 태도와 자존감의 결과물

사람들은 종종 자신이 누구인지를 돈을 얼마나 버는가와 혼동하곤 한다. 1년에 천오백만 원을 벌든, 또는 1억 5천만 원을 벌든 모든 사람은 여전히 자신의 삶에서 어느 정도의 부유함을 달성할 능력이 있다. 예를 들어 나치가 독일을 장악했을 때 나치에게서 자신들의 생활을 박탈 당한 후 결국 포로수용소로 갔던 많은 부자들이 있었다. 빅토르 프랭클(Viktor E. Frankle)은 최악의 가난한 상황에 있었지만 마음은 풍요한 생활이었다고 말했다. 『죽음의 수용소(Man's search for Meaning)에서』의 저자인 빅토르 프랭클(Viktor E. Frankle)은 사람이 가진 것 중 결코 빼앗길 수 없는 단 한 가지는 '태도'라고 말했다.

"포로수용소에서 살았던 우리들은 다른 사람들을 위로하고 마지막 빵 한 조각을 양보하면서 막사들을 지나 걸어갔던 사람들을 기억한다. 그들은 소수였지만 모든 것을 다 빼앗길 수 있었더라도 인간에게서 단 한 가지, 즉 어떤 주어진 상황에서도 자신의 태도를 선택한다는 것은 빼앗아갈 수 없다는 충분한 증거이다."

심리학자인 빅토르 프랭클(Viktor E. Frankle)은 수용소에서의 악몽 같은 생활을 살아남게 해주었던 것은 바로 그러한 인간의 태도라고 말했다. 그는 그렇게 할 수 있었던 그 자신과 그때 함께 했던 사람들의 태도를 실천하여 마음의 풍요를 명확히 표현했다. 그리고 이같은 태도가 수용소를 탈출한 후 다시 부유한 생활을 달성하고 살아갈 수 있게 하는 길로 그를 이끌어 주었다고 보았다.

빅토르 프랭클(Viktor E. Frankle)은 수용소에서 그의 물질적 소유물 하나 하나가 그에게서 벗겨져 나가고 남은 단 한 가지, 그것은 자신을 믿고 자신이 착한 사람이었다는 생각을 포용하는 능력뿐이었다고 했다. 이것은 중요한 점을 시사해준다. 왜냐하면 돈이나 물질적 소유물을 가지고 있다는 것은 단지 자원일 뿐이지, 자신이 누구인가를 결정해주지 못한다. 강한 내적인 자아의식을 가지는 것이 진실로 중요한 것이다.

그러나 우리 대부분은 돈을 얼마나 가지고 있는가에 의해 사람의 자존심을 평가하여 은연 중에 스스로를 황폐화시키고 있다. 사람들이 자신의 재정적 지위를 다른 누군가와 비교하는 것은 흔히 있는 일이다. 슬프게도 이것이 사람들이 갖는 많은 정서적 고통의 근원이 된다. 일상적으로 마음속에서 자신을 친구, 동료, 가족 등과 비교하기도 하고 판단을 내린다. 어떤 면에서는 자신의 정체성과 자존심을 외적 요소들에 근거하고 있는 셈이다.

이제 변화를 시도해보자. 우리들이 다른 사람과 자신을 비교할 때 그 행동의 이면에는 나름대로 긍정적 의도가 있다는 것을 깨달아보자. 그리고 그러한 긍정적 의도를 이해하게 되면 자존심과 정체성을 중심으로 맴돌게 되고, 부와 성공의 달성을 주저하고 있는 무의식적인 마음의 상처를 치유할 수 있다. 바로 그곳이 제한 신념과 각인이 활동하는 곳이다.

비교하거나 판단하지 않기로 결정하면 자신의 내면을 살피면서 삶을 바라볼 것이기 때문에 자신의 삶에서 놀랄 만한 변화에 주목할 수 있다.

사람들은 내적 준거를 가질 것이고, 마음속에서 자신이 누구인지를 결정하기 때문에 자존심과 정체성을 고양시킬 수 있다. 이미 깊은 영적 수준에서 자신을 알기 때문에 자신이 누구인지를 결정할 기회를 다른 사람들에게 더 이상 주지 않아도 되기 때문이다.

웹스터 사전에 정의된 자아(self)는 "개인의 개성과 정체성을 구성하는 요소들, 즉 신체, 정서, 사고와 감각과 같은 것의 통일체"이다. 개인의 자아감(sense of self)은 정체성을 구성하는 이러한 요소들의 통일체에 대한 개인의 지도나 모델의 결과이며, 자아 성찰의 결과이다. '나' 또는 '자아'에 대한 우리의 지각은 유동적이다. 즉 우리는 여러 경험의 관점을 가지고 자신을 동일시할 수 있다.

예를 들면 특정 환경으로는 출신지가 ○○○, 역할로는 부모, 능력으로는 의사나 비서, 행동패턴으로는 알코올 중독자로 동일시할 수 있다. 자아감은 정체성을 말하는 것으로서 신념, 사고, 행동에 엄청난 영향을 미친다.

개인의 정체성은 갑자기 마법적으로 생기는 것은 아니다. 시간이 지나면서 개인이 구축한 것이다. 사람들은 경험을 하며, 두뇌 속에서 이 경험을 해석한다. 어떤 면에서 사람들은 대개 부정적인 것들을 갖추고 긍정적인 것들을 삭제하려는 경향이 있다. 시간이 지나면서 사람들은 목표를 갖고 부정적인 것들을 한 방향으로 쌓기 시작하며 그 밖의 모든 것을 삭제하고 있다. 결국 사람들은 긍정적인 것을 갖추는 것을 망각한다.

그러므로 우리는 균형을 유지하기 위해서 긍정적 경험을 가지는 것을 배워야 한다. 개인이 경험의 긍정적 요소를 모두 가져와서 부정적 요소들을 자신들 밖으로 옮기고, 부정적 정보가 정말로 자신들에 관한 것이 아님을 깨닫기 시작하면 더 쉽게 상황의 긍정적인 면들을 유지하게 되고 부정적인 것을 풀어내 버리면서 그것들을 통합할 수 있게 된다.

상황의 부정적인 면들을 풀어내 버리면서, 긍정적인 것들을 통합하는 것은 깊은 자존 의식을 발달시킬 것이기 때문에 시간이 지나면서 극적인 방법으로 개인의 재정적 상황을 변화시킬 것이다.

더불어 급료와 같은 외적 요소에 대한 자신들의 가치에 근거하지 않고 새로운 것을 시도할 용기를 주는, 그리하여 자신의 기회를 넓히는 강렬한 내적 자존 의식을 발달시킨다.

한 사례를 든다면 월 150만 원을 받는 관리인이 있었다. 필자와의 몇차례 코칭 세션을 통해 몇 가지 신념 작업을 한 후에 그는 자기 사업을 시작하기로 결심했다. 돈을 저축하기 시작했고 필요한 모든 용품들을 구입했다.

부업으로 새로운 청소 계약을 했고, 그 계약에 직원으로 근무할 사람을 채용했다. 그러고 나서 또 하나의 계약을 했고, 그를 도와 나갈 다른 누군가를 채용했다. 앞으로 얼마 후에 자신이 계획한 시기가 되면 그는 관리인 직을 그만 두기로 결심했고, 먼저 자신의 청소회사를 시작했다. 마침내 수입이 많이 증가했고 전에 느껴본 적이 없었던 자유를 느꼈다.

그는 여전히 관리인 일을 하고 있다. 변화된 것은 그의 자존심이었다. '아, 나는 그저 관리인일 뿐이다. 그밖에 아무 것도 할 줄 모른다. 충분히 똑똑하지도 않다.' 라고 생각하지 않고, '무엇이 가능할까? 모든 사람이 들어와서 청소할 사람을 필요로 한다. 가정도, 학교도 필요로 한다. 그들이 그것을 하기 위해 나를 고용할 것이다. 그 반대로 내 자신의 사업을 시작하는 게 어떨까?'를 생각하기 시작한 것이다.

우리가 가능성을 활짝 펼치는 방법이 바로 그런 식이다. 꿈을 가지고 시작하면 그 꿈의 청사진이 현실로 변하는 것이다. 자신의 자존심을 껴안고 무엇이 가능할지에 대한 발상에 자신을 활짝 펼칠 때 자신의 삶 속으로 부와 성공을 끌어들일 것이다.

외부 세계는 내면세계의 반영이라 할 수 있다. 내적으로 기분이 좋은 사람이라면 대체로 그것이 외부에 보여지며, 자신의 삶 속에 긍정적 경험을 그릴 것이다.

section 1

돈과 부의 성공은 인내의 열매

독일인들은 대부분 커다란 것을 구매하기 전에 돈을 저축해서 구매할 때 전부 지불하는 것이 보통이라고 한다. 독일인들이 빚을 지는 것은 단지 모기지와 자동차에 대한 것이라 한다. 많은 독일인들은 원하는 것을 얻는 대가를 고대하기 때문에 특별한 것을 위해 저축하는 데에 큰 기쁨을 갖는다. 그 보상을 얻으면 그들은 즉시 다음의 큰 물건이나 여행을 위해 저축을 시작한다.

독일인들이 신용카드가 가져올 수 있는 즉각적인 욕구 충족을 늦추는 능력을 가진 것은 매우 흥미롭다. 그들은 원하는 것을 가질 수 있는 날을 향해 기대와 설렘을 가지고 고대한다. 차후의 목표를 충족시키기 위해 돈을 따로 비축해야 한다는 것을 조금도 후회하지 않는다. 대신에 그들이 가진 것에 대해 정말 감사하는 것에 초점을 맞추고, 원하는 것을 얻기 위해 참을성 있게 고대한다.

다니엘 골만(Daniel Goleman) 박사의 감성 지능(Emotional Intelligence)에 의하면 충동적인 사람보다 욕구 충족을 늦추어서 인내심을 발휘할 수 있는 사람이 인생에서 성공할 가능성이 더 많다고 결론을 내리고 있다.

골만(Goleman)은 한 연구자가 평범한 방으로 아이들을 한 명씩 한 명씩 초대하여 머쉬멜로우를 주는 1960년대에 행했던 연구를 통해 증명하고 있다.

"너는 지금 당장 이 머쉬멜로우를 먹어도 좋다. 하지만 내가 나갔다 오는 동안 네가 기다린다면 돌아와서 두 개의 머쉬멜로우를 가질 수 있다."라고 말한다.

분명히 몇몇 아이들은 즉시 먹었고, 몇 명은 몇 분을 기다리고서야 유혹에 굴복했다. 그러나 어떤 애들은 기다리기로 결심했다. 그들은 눈을 감고 혼자 노래를 부르며 기뻐하거나 게임을 했고 잠이 들기도 했다. 머쉬멜로우를 가지고 있느라 필요한 것이 무엇이든 간에 그들은 해냈다. 연구자가 돌아왔을 때 그들은 어렵게 번 두 번째 머쉬멜로우를 손에 쥐었다.

그 후 아이들의 부모와 교사들에 대한 조사를 통해 4살 때 두 번째 머쉬멜로우를 위해 첫 번째 머쉬멜로우를 먹지 않았던 아이들이 대체로 사회에 더 잘 적응하고 더 인기 있고 더 모험적이며 더 자신감 있고 더 신뢰할 수 있는 10대로 성장한 것으로 밝혀졌다.

골만(Goleman)에 의해서 인내가 성공에 중요한 역할을 하는 것 같다는 결론적 증거가 제시된 것이다. 자신의 충동을 억제할 수 있는 능력은 연습을 통해 발달될 수 있다. 자신이 정말로 필요하지 않은 것에 돈을 소비하는 것과 같은 즉각적 유혹에 직면할 때 자신에게 장기적인 재정 목표를 생각나게 한다. 부유한 미래를 위해 정말 저축하고 있다는 것을 깨달아서 현재의 재정적 상황의 틀을 바꾼다.

사람들이 훗날을 위해 저축에 투자할 수 있도록 소비를 적게 해서 기꺼이 조금 고생을 한다면 성공을 달성하는 길에서 이길 것이다.

section 1

3. 돈과 부의 성공은 확신의 결실

    금전적으로 부자가 된 사람들과 그렇지 못한 사람들 간에 기본적 심리 차이는 가능성에 관한 신념을 중심으로 뚜렷이 나타난다. 거의 대부분의 사람들은 세상에서 더 안전하고 더 유능해지기 위해 자신의 파워를 증진시키고 싶은 소망과 욕구를 느낀다.

    개인적 파워를 증진시킨다는 것은 자신을 중심으로 한 세계에서 타인을 지배하고 조종하고 통제하는 것에 관한 것이 아니라 행동할 능력이나 결과를 만들어내는 능력을 의미한다.

    개인적 파워를 증진시키는 것은 본질적으로 여러 영역에서 기능과 능력을 증진시키는 것이다. 그것은 사람에게 가능한 한 충분히 자신의 잠재력을 달성하게 하는 동기를 제공해 주는 명확한 가치와 힘을 강화해주는 신념에서 나온다.

    결국 개인적 파워는 자신의 비전과 미션을 인식하고 정열적으로 전념해서 그것들을 추구하는 것을 의미한다.

　많은 사람들은 경제적 성공을 '선택'하는 것이라고 생각하지 않는다. 부를 달성하는 데에 이용할 수 있는 모든 가능성에 자신들을 펼칠 용기가 없다. 그 사람들은 언제나 틀에 박힌 생활 속에 갇혀서 위험을 무릅쓰거나 다른 일을 하려고 시도하지 않는다. 왜냐하면 그들은 현재의 그들보다도 결국 더 나빠질 거라고 생각하기 때문이다. 앞으로 전진하기 위해서 흔히 뒤로 한 걸음 물러나야 한다는 것을 이들은 깨닫지 못한다.

　성공했다고 하는 많은 부자들도 한 번쯤은 언젠가 자신들의 인생에서 파산을 당했던 경험이 있고, 그리고 짧은 시간 동안에 좋은 쪽으로 재정적 상황을 완전히 전환시킨 경험들을 가진 사례들이 종종 있다.

　더구나 자신의 사업을 시작한 많은 사람들은 처음에는 종종 돈을 잃기도 한다. 그러나 자신들의 새 사업이 작은 이익을 모으면서 좋은 월급을 벌게 될 시점까지 확장될 거라 믿으면서 사업을 시작한다.

　모든 사람이 앞으로 나아가기 위해서 위험을 무릅쓰거나 뒷걸음질 쳐야 하는 것은 아니다. 자신의 가능성을 믿고 자신을 의식적으로 펼쳐보는 것이 중요하다. 이러한 발상들을 포용하기 위해서는 먼저 다른 무엇인가를 해서 일상의 틀을 변화시키는 능력을 가져야 한다. 가난과 부족함 대신에 번영과 풍요의 눈을 통해 세계를 보는 방법을 배우는 것도 이러한 능력에 속한다.

　자신이 원하는 것과 그것을 성취하는 데에 있어서 가지고 있는 모든 가능성에 대해 생각해 본다. 그리고 자신에게 "가능한 것이 무엇일까?" 하고 물어본다.

이제 다른 것을 해본다. 가지고 있지 않지만 갖고 싶은 것에 대해 생각한다. 왜 자신이 그것을 갖지 못하는지, 그리고 그것을 가질 수 있기를 어떻게 소망하는지에 관해 생각해 본다. 그러한 것들 중 어느 것이 자신을 더 기분 좋게 하는지 주목한다.

대개 첫 번째 떠오르는 생각이 기분 좋게 느껴진다. 왜냐하면 우리의 생각은 성공과 부를 중심으로 무의식적, 의식적 틀을 확장하도록 설계되었기 때문이다. 일단 가능성에 대한 그 사람들의 태도와 신념이 바뀌면 그 사람에게 일어날 수 있는 것은 놀라울 정도이다. 사람들은 거의 동시에 결과를 보기 시작할 것이다. 이 변화는 처음에는 사소하지만 새로운 사고방식을 계속 포용하게 되면 놀라운 마법이 그들에게 펼쳐질 수도 있다.

예를 들어 베트남의 보트 피플이라 불린 난민들이 미국에 이주했을 때 그들의 긴장에 관해 미국 정부나 복지 관계자들은 매우 우려했었다고 한다. 그러나 스스로 사업을 시작한 많은 베트남인들은 지극히 잘해 나갔다. 그 이유는 뭘까? 분명한 답은 그 사람들이 말 한 마디라도 잘못한다면 사살될 수 있는 나라에서 왔기 때문이라고 할 수 있다. 그들은 미국이라는 나라에서 자신들에게 일어날 수 있는 가장 나쁜 일들이란 고작 청구서를 납부하지 않아서 전화를 받거나 시달리는 것 뿐이라는 사실을 깨달았기 때문이다.

죽음이 순간순간의 현실인 세상에서 무한한 선택이 있는 곳으로

간다면, 그때 모든 것을 해보지 않을 이유가 있겠는가? 조국을 떠나야 하는 분노와 쓰라림 대신에 살아 있는 것에 감사했을 것이다. 자기 연민 속에서 뚱하게 있지 않고 "가능한 것이 무엇일까?"라는 문제를 중심으로 맴도는 창조적 태도를 취했던 것이다.

그 결과 그들은 미국에 가서 두세 가정이 좁은 공간에서 살았고 최소 임금을 받는 일을 했으며, 돈을 함께 공동 관리를 했다. 충분한 돈을 모았을 때 사업을 시작하여 전 가족이 그 기업에서 일하곤 했다. 사업이 일단 성공하게 되면 부동산을 사곤 했다.

이러한 베트남 사람들에게는 모든 것이 가능했기 때문에 성공에 대한 확신도 가질 수 있었을 것이다. 성공에 대한 확신을 가진 그들은 장기적인 부와 성공의 목표에 도달하기 위해 기꺼이 고생도 마다하지 않았다.

사람들은 원하는 것을 얻기 위해 어떤 것이라도 할 수 있다. 문제는 가능한 결과(outcome)를 달성하기 위해서 기꺼이 무엇을 할 것인가 하는 것이다. 이를 위해 성공에 대해 확신을 갖는 것이야말로 성공의 관건이다.

제 2장

성공을 위한 자아 창조

section 2
1: 현재 있는 곳이 마음에 들지 않으면…

'부자 마인드(The wealthymind)' 프로그램 트레이닝을 받는 동안 크리스(Kris Hallbom)가 이야기 한 내용 중 매우 인상적인 것이 있었다. 그녀가 6년 동안 취재기자를 하면서 하버드대학 교수이자 심리학자였지만 중년에 좌파운동과 히피의 대부 역할을 해서 1970년대 미국 사회에 큰 충격을 준 티모시 리어리(Timothy Leary)와 3일 동안 함께 했던 경험이었다.

어느 집의 파티에 동행해서 거실에 앉아 있을 때 매우 호전적인 술주정뱅이 하나가 들어와서 리어리에게 많은 질문을 묻기 시작했다. 분위기는 점점 더 가열되고, 그 남자는 리어리에게 고함을 질렀고 방안이 갑자기 조용해졌다. 무서워지는 순간이었다. 그때 리어리는 놀라운 일을 했다. 그는 의자에서 일어나 방안을 왔다 갔다 돌아다니다가 다른 의자에 앉아서 말했다.

"당신이 현재 있는 곳이 마음에 들지 않으면 일어나서 옮기시오."

그것은 완전히 방 전체의 분위기를 바꾸었고 그 술주정뱅이도 어리둥절해서 무력하게 만들어 버렸다. 파티는 계속되었고 모든 사람은 아무 일 없었다는 듯이 웃었다. 그때 그녀는 리어리의 말이 매우 흥미로웠다고 말했다.

"당신이 현재 있는 곳이 마음에 들지 않으면 일어나서 옮기시오."

그가 근본적으로 말하고 있는 것은 '지금 일어나고 있는 일 때문에 행복하지 않으면 그때는 그것을 변화시켜라'는 것이었다고 크리스는 설명을 했다.

이 이야기를 떠올리면 사실 너무도 간단한 사실을 우리는 망설이고 고민하고 실천하지 못하고 있음을 깨닫게 해준다.

우리의 삶을 지배하는 우주 변화의 패턴

동양의 음양오행학에 심취하여 보다 깊은 의미를 깨닫기 위해 자연을 관찰하고 우주의 법칙을 탐구했던 10여 년 이상 동안 필자의 마음속에는 언제나 이런 의문이 있었다.

'외부 현실은 우리의 내적 현실에 어떻게 직접적으로 관련되어 있으며, 이 둘은 서로에게 어떻게 영향을 미치고 있을까?'

마음속에 지닌 이 의문이 동양의 음양오행학, 서양의 심리학 이론들에 대한 오랜 탐구 여행에 빠져들게 했다. 우리는 별이든 나무든 또는 짐승이든 우주의 생태계는 모두 변화의 순환(cycle)을 경험하며, 그 나름대로 고유한 변화의 양식(Pattern)을 가지고 있다는 것을 관찰했다.

우주와 생명체들에 대해 성장과 자기 창조라는 테마를 갖고 생명체 세포들의 생애, 나무들의 성장, 대양의 파도를 관찰해 봄으로써 우리 인간 자신들에 관한 많은 것을 배울 수 있다. 자연은 우리의 위대한 스승이다. 인간은 자연의 일부이고 우리의 우주는 약 150억 년이나 되었기 때문에 우리들 외부에 존재하는 패턴들과 우리들 내면의 무의식적 패턴들 사이에 틀림없이 어떤 연관이 있다는 것은 분명하다.

또한 자동차, 집, 컴퓨터, 경제와 같은 대부분의 무생물적인 생존 체계에서 일어나는 변화 역시 이와 똑같은 변화의 패턴을 볼 수 있다.

이러한 우주의 변화 원리는 인간 생활과 행동의 모든 면에서도 찾아볼 수 있다. 결혼, 사업, 건강, 가정, 그리고 여러 가지 마음의 상태 등에서 일어난다. 우리는 매일, 매년 이런 변화의 원리를 경험하고 있다.

따라서 이 원리를 깨달으면 원하는 부류의 경험을 의식적으로 만들어 내고, 선택한 현실을 실현하는 데에 도움이 될 것이다. 우리가 일정한 법칙이 있는 이 변화의 순환과 변화의 양식에 조화되어 균형을 유지할 수 있다면 정말로 우리가 원하는 것을 가질 수 있는 열쇠를 발견할 수 있을 것이다. 성공한 사람들은 이러한 변화의 원리에 자연스럽게 조화되어 있다.

동양의 음양오행학적 사유체계에서 보면 우주 공간에서 움직이고 있는 무형의 천지 기운은 에너지로서 끊임없이 움직이고 행하면서 만물을 창조하고 발생하고 양육하고 성장과 성숙하게 하고 수렴, 거둠, 저장 등을 하면서 삼라만상을 다스린다는 것이다.

이 에너지의 근원은 태양에서 발생되어 방출되는 빛과 열기로서 발생, 성장, 성숙, 수장하는 형상으로 하루의 변화와 춘하추동 사계절의 변화를 창조하는 것이다. 즉 하루동안 천지 기운은 태양이 뜨고 충천하여 갈무리 되는 하루 과정의 변화이며, 일 년의 변화는 봄에서 시작되어 여름에 무성해지고 가을에 무르익고 겨울에 막을 내리는 변화 과정이다.

이러한 변화의 생장수장(生長收藏)의 원리가 끊임없이 반복되어 새로운 하루가, 새로운 일 년이 창조되고 있는 것처럼 우주 안의 모든 생태계는 어디나 이 변화의 원리가 작용한다. 이러한 생장수장(生長收藏)의 변화 원리에 따라 우리의 삶에서 경험하고 있는 변화의 패턴들을 크리스틴 홀봄(Kristine Hallbom)이 분류한 우주 변화의 원리(The Universal Cycles of Change) 모형으로 살펴보자.

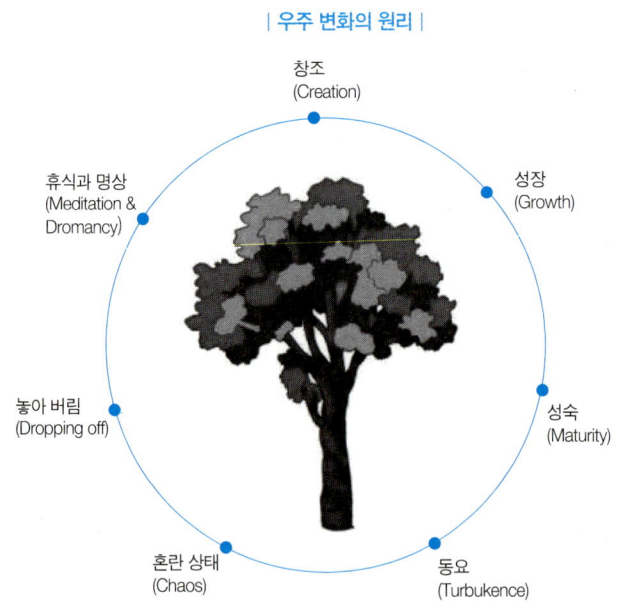

| 우주 변화의 원리 |

창조(Creation)

창조는 우주의 삼라만상에 모두 해당되는 주제이다. 모든 것은 시작이 있다. 모든 것이 새로이 시작하고 태어나는 生의 단계로, 인간이라면 수정과 세포의 분열을 의미하며, 하나의 사업이라면 아이디어의 창조로 시작한다. 예를 들면 사업의 시작, 주식이나 뮤추얼 펀드에의 투자, 책을 집필하거나 그림을 그리기 위해서 아이디어를 짜내는 일, 첫 번째 집을 짓는 일, 결혼, 새 차를 구입하는 일, 채소밭에 씨를 뿌리는 일, 빅뱅(우주의 시작) 등이 창조의 예라고 할 수 있다.

성장(Growth)

한 생태계가 성장하고 발달하는 과정을 거치면서 '자기 조직화'를 하게 된다. 즉 이전의 창조단계가 모양이나 형태를 갖추어 가기 시작한다. 창조단계를 바탕으로 새로운 행동 패턴이 발달하기 시작하고 본래의 창조를 중심으로 자기 조직화를 한다. 새 사업이라면 멋진 마케팅 계획을 세우고 투자된 자본은 가치가 올라간다든가, 우리가 심은 작은 나무에 꽃이 피기 시작하며, 아기가 최초의 말소리 같은 옹알이를 하고 첫 걸음마를 하기 위해 발을 뗀 것 등에 비유할 수 있다. 또 새로 산 자동차에 예쁜 휠 캡과 새로운 시트를 깔거나, 매입한 주식의 가격이 올라가는 것 등이 성장의 예라고 할 수 있다.

성숙(Maturity)

시스템은 지속적인 성장을 거치며 모양을 갖추어 가지만 가장 효과적으로 작동하는 '안정 상태'에 접어들 때까지 더욱 복잡해지는 상태로 움직인다. 땅에 떨어진 도토리를 심으면 작은 나무로 자라서 잎이 무성하고 가지들이 뻗어나와 점점 더 빽빽하게 얽히듯이 되어가는 상태로 늦여름까지 자랄 수 있는 만큼 자라서 성숙해지는 단계에 이르게 된다. 그리고 나면 날씨가 변화하기 시작해서 온도와 햇빛이 달라지게 된다.

성숙단계의 안정 상태를 예로 든다면 직장에서 일이 유난히 잘 되는 것, 운동선수가 메달권 내로 진입하는 것, 나무들에서 아름답고 무성한 나뭇잎들이 자라나는 것, 원만한 결혼생활, 구입한 차가 잘 굴러가는 것, 매입한 주식이 폭등하는 것, 자기 자신과 인생 전부에 대해서 만족하는 것 등이라 할 수 있다.

동요(Turbulence)

시스템이 성장과 발달을 거치며 매우 복잡해졌을 때 난기류가 형성되어 동요와 소란이 일면서 문제가 나타나기 시작한다. 혼란은 복잡해진 상태가 더 이상 지탱되지 못할 거라고 말해주는, 환경이 주는 피드백이라 할 수 있다. 여기서 한 차원 높은 창조와 성장의 과정으로 나아가기 위해서는 변화가 필요하다.

그러나 변화를 하지 않으면 혼란과 무질서의 단계로 접어들게 된다. 예를 들어 직원들의 업무 능력이 떨어지거나 문제 직원들이 고용되는 것, 결혼 생활에서 부부간에 의사소통의 문제가 나타난 것, 자연 속의 나뭇잎 색깔이 바뀌는 것, 매입한 주식의 가격이 떨어지기 시작한 것, 사소하지만 마음에 걸리는 신체적 증상이 나타나는 것, 우울증이나 불만의 기미가 보이는 것, 차에서 이상한 소리가 나기 시작하는 것 등이 다.

혼란 상태(Chaos)

이상 기류로 인한 동요와 소란이 해결되지 않으면 체제는 혼돈 상태에 빠져 무질서를 경험하며 황폐해진다. 늦여름에 온도와 햇빛의 변화 때문에 나뭇잎이 변하고 더 이상 지속적인 성숙 상태가 지탱될 수 없다는 피드백을 얻게 된다.

시스템이 파괴되기 시작하면 카오스가 나타난다. 나뭇잎이 갈색으로 변해 시들고, 문제를 일으키던 직원이 사업을 위태롭게 하고, 매입한 주식의 가격이 하락하고, 결혼생활이 엉망이 되고, 심한 병을 앓게 되고, 이상한 소리를 내던 차의 배기관에서 회색의 연기가 나올 때 등이 바로 혼란 상태에 해당될 수 있는 예가 될 것이다.

놓아버림(Dropping off)

실제로 자연 현상 속에서 나무들이 자신들의 잎을 떨어뜨려 낙엽을 만들어 내듯이 지니고 있는 것들을 줄여가고 버려야 하는 활동을 해야 하는 시기이다.

우리 스스로가 매우 복잡해져서 무엇인가를 주어버려야 하는 때를 경험하는 단계라고 할 수 있다. 버려서 줄여야 할 필요가 있는 것을 놓아버려서 내보내지 않으면 스스로를 혼란과 무질서의 혼돈상태에 빠져버리게 한다는 것을 우리는 알고 있다.

인생이 매우 복잡해져서 카오스가 나타났을 때 당신이 지니고 있는 것 중 어떤 것은 버려야 할 경우가 생긴다. 예를 든다면 뱀이 허물을 벗고, 나무에서 나뭇잎이 떨어지는 것, 차의 일부분을 교체하는 것이나 인생에서 직면하게 되는 어려운 문제를 극복하기 위해서는 자기 제한적 신념과 부정적인 인간관계를 버리고, 행동을 변화시키고, 자신의 세계관을 재조직할 필요가 있다.

놓아버림으로써 자신의 인생에 놀라운 변화를 가져다줄 여유가 생기게 된다. 나무, 뱀, 심지어 별과 같은 우주의 만물들은 모두 자연스럽게 버림의 주기를 거친다. 그러나 만물 중 유일하게 사람만이 이러한 자연스러운 변화의 주기를 거부한다.

휴식과 명상(Meditation & Dromancy)

나무들이 자신들의 잎을 다 버리고 나목이 되어 몸을 가볍게 하듯이 버려야 할 것을 버리고 몸을 줄여버린 후에 마지막 단계로 들어가서 고요한 상태와 휴식 상태가 되어 새로운 창조 사이클을 준비한다. 명상과 휴식은 변화의 순환에서 마지막 단계이다.

혹독한 겨울에 앙상한 가지만 드러낸 채 서있는 나무처럼 우리 자신들도 본래의 모습 그대로 그 순간에 서있어야 한다. 얼마 동안은 불편할 수도 있을 것이다.

이때 우리는 명상과 휴식이 치유에 큰 도움이 된다는 사실을 상기하게 될 것이다. 우리가 앞으로 나아갈 준비가 되었을 때까지 자신을 재생시키고 원기를 회복할 수 있는 '자신'만의 시간을 충분히 가져야 한다. 우리를 가로막았던 방해물들은 더 이상 존재하지 않지만, 전 과정을 통해 얻은 지식과 지혜는 그대로 존재한다. 이러한 지식과 지혜는 새로운 창조와 성장의 자양분이 된다. 이러한 일은 결혼, 기업, 건강, 자녀 교육 등 인간관계의 모든 영역에서 일어나는 일이다.

우주 안의 모든 것은 발전하고 성장한다. 수십억 년 동안 그렇게 해오고 있다. 이러한 자연의 발달과정은 변화의 여러 상태를 겪는 것을 의미한다. 이러한 우주 변화의 원리를 가장 쉽게 나타내 주는 메타퍼(은유)로 나무를 예로 들 수 있다.

나무가 겪는 첫 번째 변화는 창조이며, 씨앗이 심어지면 일어난다. 나무는 충분한 수분과 햇빛을 받게 되면 성장한다. 시간이 지나고, 그 모든 잎들이 완전히 아름답게 무성해지는 지속적인 성숙 상태에 이른다. 가을이 시작되면 나뭇잎들의 색깔이 변하기 시작하여 갈색으로 변해서 땅으로 떨어진다. 그 후에 나무들은 잎새 하나 없이 동면 상태로 서 있다가 봄이 돌아오면 나무는 새 잎을 발아하며, 창조의 전 과정이 다시 발생한다.

모든 생명체계는 성장과 발달로 너무 복잡해져서 균형을 다시 얻기 위해 버림을 가져야 한다. 나무들은 언제나 잎들을 가지고 이것을 하고 있다. 우리가 나무를 모델링하면 많은 것을 배울 수 있을 것이다. 나무는 버림과 창조로 되돌아가 재순환하는 기술에 정통하다.

| 사계절 변화에 따른 나무의 변화 모습 |

　흥미롭게도 약 150억 년의 변화 과정을 자연히 겪게 하지 않는 유일한 하나의 생명 체제가 있다. 이 체제는 장시간 동요와 소란 그리고 혼란 상태에 빠져 있고, 종종 놓아버려야 할 것을 놓지 않으려 저항한다. 그 시스템은 무엇일까? 바로 인간 존재이다. 우리는 인간관계, 직업, 그리고 건강 등에서 이러한 저항이 많이 일어나고 있음을 본다.
　특히 우리나라의 경우 많은 부모들이 자녀들과 갖고 있는 관계 때문에 비롯된 많은 문제들을 코칭하는 과정에서 이 원리에 대한 깨달음을 갖게 될 때 놀라운 경험들을 한다고 토로한다.
　수년 동안 대화가 안 통한다며, 17세의 딸과 많은 문제를 가지고 있던 부모는 왜 그런 혼란스런 문제를 갖고 있는지를 이해하게 되었다. 자신들이 마음속으로 여전히 딸을 어린아이로 생각하고 있었고, 이제 그 생각을 놓아버리고 젊은 성인으로 대접해주어야 할 때라는 것을 자각했다. 또 어떤 어머니는 개인 코칭을 통해 이 변화의 원리에 대한 설명을 듣고서 흥분해서 성인이 된 세 자식들과의 상호 의존 관계를 놓아버려야 한다는 결단을 내린 적이 있다.

"제 아이들은 성인이 되었어도 모두 아직은 가난해요. 내 인생은 그 애들이 전부라고 생각했고 나를 생각할 기회가 없었습니다. 어젯밤에 집으로 돌아가면서, 수년 동안 아이들과 계속 빠져 있었던 상호 의존을 놓아버리기로 마음을 정했습니다. 집에 온 후에 모든 혼란에서 벗어나 자유로워진 느낌이 들었습니다. 한 사람씩 차례로 자신들에게는 중요한 위기 문제를 갖고 전화를 했습니다. 큰 아이는 자동차가 고장이 났고, 둘째 아이는 부부 싸움 끝에 헤어지기로 했다고 하고, 막내는 아주 되는 일이 없는 재수 없는 하루였다고 투덜거렸습니다. 아이들에게 지금부터는 각자 스스로가 책임을 질 것이며, 스스로의 문제를 자신들이 해결해야 할 것이라고 말했습니다. 내가 말하고 싶은 것은 오늘이 바로 제 남은 인생의 시작이라는 것입니다. 더 이상 아이들과 상호 의존적이 되지 않을 것이며, 내 인생을 다시 가질 수 있습니다. 이제 내 인생을 행복하게 해 줄 무언가를 다시 시작할 것입니다."

동요와 혼란 속에 빠질까 두려워서 종종 사람들은 변화를 두려워한다. 이 어머니의 경우, 그녀가 언제나 자식들에게 충분히 주지 않으면 장성한 자식들이 그녀에 대해 화를 내지나 않을까 걱정했다. 그날의 자각으로 자식들에게 선물을 주는 대신에 어머니 자신이 원했던 삶을 살지 못한 것에 대해 자식들을 원망하는 것을 끝냈다. 일단 어머니 자신이 그물처럼 얽혀진 상호 의존적 유대 관계로부터 자식들을 놓아버리게 되자, 자식들과 새로운 상호 관계 방식으로 발전할 수 있었다. 그렇게 할 때 비로소 그 어머니는 정신적으로 보다 충족감을 느끼기 때문에 자식들을 위해 더 많은 것을 해줄 수 있다는 것을 깨달은 것이다.

우리의 목적을 생각하면서 버려야 할 것이 무엇인지 심사숙고 해보라. 버리고 싶은 것을 삶 속에서 확인할 수 있는데, 그것은 태도, 행동 또는 습관일 수도 있다.

잠시 동안 우리가 행복하고 성공하기 위해서 버려야 할 것들에 대해서 생각해 보자. 대부분의 사람들과 마찬가지로 우리에게 즉각적으로 머릿속에 떠오르는 것이 있을 것이다. 인간관계, 생활방식, 신념, 태도, 행동, 인식, 습관, 물질적인 것들을 모두 검토해 보자. 지금 떠오르는 것을 기록해 보자.

앞에서도 말한 바와 같이 우주 변화의 원리는 우리들의 모든 삶의 영역에 영향을 미친다. 연애와 사랑, 직업, 건강, 가족, 돈 문제, 친구, 영적인 것, 우리의 현재 마음 상태 등 많은 기본적인 영역에 영향을 미친다. 자신의 삶을 평가해 볼 때 현재의 상황에서 어떤 변화 사이클의 단계를 경험하고 있는가? 자신의 영역 중 어느 것이라도 동요나 혼란 단계에 있으면 스스로에게 "내 삶이 균형을 되찾기 위해서 내가 놓아버려야 할 것들은 무엇인가?"를 물어보라.

언제나 드라마틱한 놓아버림이어야 하는 것은 아니다. 매일하는 조간신문 구독이나 과다하게 커피 마시는 습관, 지나친 흡연 등과 같은 단순한 일들을 놓아버릴 수도 있다.

때로 놓아버려야 할 필요가 있는 몇 가지 예를 들어보면 행동, 신념, 태도, 사고방식, 습관, 일과 인간관계, 흡연, 지나친 음주, 체중, TV시청, 명확하지 않은 한계, 광적일 정도로 일을 바쁘게 하는 것, 새로이 고쳐나가야 할 필요가 있는 해묵은 인간관계, 골칫거리 직원, 유해한 친구, 어질러진 물건, 조직의 분열, 원한, 분노, 질투, 필요하지 않은 빚, 사람들과 끝내지 않은 일 등이 포함될 수 있을 것이다.

성공한 사람들에 관해 책을 읽고 연구를 하고 그들을 모델링하려고 할 때, 그들도 일관되게 이러한 변화의 패턴을 겪고 있다는 것을 알게 된다. 갓 결혼식을 올린 한 쌍의 신혼부부를 예로 들어 이 전체의 순환을 생각해 보자. 두 사람은 부부라는 새로운 관계를 만들고, 그 관계가 성장하면서 편안한 가정을 이루게 된다. 자녀가 태어나고 재산도 불리고 집안 살림살이도 늘고 복잡해지지만 안락하며 모든 것이 상당히 잘 돌아가고 있다.

가족이 살면서 이동이 생기면 환경의 여러 관점들이 변하기 시작하면서 여러 가지 신호를 받고 압력을 받게 된다. 서로 다른 관심들이 슬며시 끼어들기 시작하지만 종종 오랫동안 살아온 방식 그대로를 고수하려고 한다.

그러나 인간관계에서 오래된 생활방식에 사로잡혀 집착하면 사정은 달라지고 문제가 생기기 시작한다. 많은 사람들은 더 이상 적합하지 않은 오래된 복잡한 상태를 고수하려 하기 때문에 혼란 속에서 생활을 한다. 더 이상 듣지 않는 약처럼 효과가 없을 한 가지 것을 붙잡고 늘어지곤 한다. 그것은 우리를 혼돈과 무질서 속으로 내던지는 것이며, 이리저리 되튀게 만들기도 한다.

이럴 때 우리들은 무언가를 버려야 할 필요가 있다. 신념일 수도 있고, 행동이나 변해야 하는 생활 방식일 수도 있다. 이런 과정을 거치는 동안 우리는 이 순환을 계속할 수 있도록 다른 사람과 함께 조용한 곳으로 가는 방법을 찾기도 하고, 인간관계를 큰 그림 속에서 발전하고 성숙시켜 나가면서 다음의 순환 단계를 지속해야 할 것이다.

사업에 대해서도 똑같이 생각할 수 있다. 새로운 아이디어가 떠오르고 사업이 성장하기 시작하면서 정말 잘 되어서 번창하는 상태에 이른다. 그리고 나면 너무 복잡해져서 똑같은 방식으로는 더 이상 효과가 없다는 피드백을 받고 무엇인가를 버려야 할 필요가 있게 된다. 일을 하는 방법을 다시 구성하거나 인원을 줄임으로써 버리는 일을 해야 할 필요가 있을 때, 그 누구도 아무 것도 하고 싶어 하지 않았기 때문에 결국 혼란 상태 속에서 동요되고 난기류 속에 머물게 되어 결국 기업 밖으로 내몰리는 경우를 목격하기도 한다.

그러면 왜 사람들은 그렇게 마음에 들지 않는 일이나 관계가 되었음에도 불구하고 현재의 자리에 머물면서 다음 단계로 우리 자신을 이동시켜 변화시키려 하지 않는가?

혼란이 두렵기 때문이다. 그러나 혼돈 상태의 무질서에서 질서가 나온다는 것, 그런 상태 속에서 찾을 수 있는 어떤 아름다움이 있다는 것을 수차례 들어본 적이 있을 것이다. 예를 들면 2002년 월드컵 축구대회 때 서울 시청 앞에 모여든 군중들의 응원 열기를 기억해 보

라. 제각각 끼리끼리 자유롭게 앉아서 혼란의 극치를 보여주지만 붉은 셔츠를 입고 '대~한민국'이라는 구호를 리듬에 맞추어 외치는 광경은 하나의 전체적인 응원체제로서 유기체적 조직처럼 보였다.

처음에는 혼란으로 보였던 것이 그 다음 수준에서는 정말 아름다운 일체였던 것이다. 이는 혼란으로부터 질서가 나온다는 것을 증명해 주는 단적인 예가 될 수 있다.

이 우주 안에는 변화의 순환과 고유의 변화 양식을 갖지 않는 것은 없다. 여러 가지 면에서 우리는 어떤 혼란 상태에 머물러 본 적이 있을 것이다. 이럴 때에 우리가 원하는 것을 달성하도록 나아가지 못하게 하거나 다음 수준의 발전으로 넘어가지 못하게 하는 것에 초점을 맞추어 생각해 본다면 그것이 마음에 들지 않거나 불쾌해질 때가 바로 새로운 창조 수준으로 옮겨가야 할 변화 부분임을 기억해야 한다.

혼란은 기회이다. 변화를 준비할 때라는 묵시적인 신호를 우리에게 보내고 있는 것이다. 혼돈상태에서 빠져나와 허물을 벗듯이 버려야 할 무엇인가를 놓아버리고 긍정적 변화를 위해 놀라운 잠재력을 준비하는 것이다.

버려야 할 것들이 확인되면 우리 각자의 자신들은 우주에서 끊임없이 지속되고 있는 창조를 위해 변화의 원리를 재조직하는 것이다. 이러한 변화의 원리라는 개념을 활용함으로써 인생에서 우리가 원하는 것을 더 많이 창조해낼 수 있다.

필자는 사람들이 자신들의 삶의 여러 영역들을 바라보고, 이 우주 변화의 원리에서 어디에 있는지 확인해 보는 것이 유익하다는 것을 강조하고 싶다. 필자가 코칭을 한 여성의 사례를 제시해 본다.

그녀와 처음 만났을 때 직업, 결혼, 그리고 건강이 완전히 혼란에 빠져 있는 것을 알았다. 5년 이상 동안 결혼 생활에서 불행했었고 잘 되게 해보려고 할 수 있는 모든 것을 했지만, 3년 이상이나 각기 다른 방을 사용했다. 직업적으로도 만족스럽지 않아서 직장에서도 언제나 비참한 기분이었고, 체중 또한 살이 쪄서 체형도 볼품없어져 외모에 대한 열등감 때문에 자신감을 상실한 상태였다.

코칭 세션 동안에 우주 변화의 사이클과 자신의 인생을 비유해 보는 시간을 갖고서 그녀는 결혼, 직업, 20Kg의 체중을 놓아버려야 한다고 결심했다. 4개월 후에 다시 연락을 하고 나타난 그녀는 15Kg의 살을 빼서 정말 완전히 변한 것이 멋져 보였다. 어떻게 지냈느냐는 질문에 남편에게 이혼을 요구했고, 옛 직장에서 새로운 사업을 시작하는 전환기에 있다고 했다. 또한 돈을 중심으로 한 그녀의 제한 신념들도 놓아버려서, 새 사업을 시작할 용기를 내게 되었다. 이 모든 변화가 그녀의 삶에 변화를 만들어냈다는 것을 인정하면서 과거 그 어느 때보다 더 행복했고, 새로운 모험을 기대하고 있었다.

필자는 인간관계나 직업을 놓아버리라고 조언하지는 않는다. 그것은 마지막 의지처일 수 있다. 그래서 항상 태도, 감정, 전반적인 부조화와 관련된 행동이나 신념을 놓아버림으로써 새로이 시작하도록 격려해 준다. 특히 기능장애와 중독이 심한 경우에도 마찬가지다. 다행히도 이러한 우주 변화의 원리를 통하여 사람들이 변화하는 데에 도움이 될 자원으로서 NLP심리학을 적용한다.

10대 딸과의 문제를 코칭 받았던 부모의 경우 자녀와의 관계를 그냥 놓아버릴 수 있었던 것과는 다르다. 그 부모의 유일한 선택은 인간관계의 상황 속에서 과거의 자신들을 개조하는 것이었다. 그 부모가 딸을 어린애처럼 대하지 않고 성인처럼 대하게 되었을 때, 관계가 점차 좋아지기 시작했다. 그 부모가 딸과 함께 했던 일에서 일어났던 마법을 부모의 내면 경험 구조 안에서 발견할 수 있다. 그 부모는 딸이 어린 여자애라는 내적 표상을 가지고 있었던 것이다. 그들이 그 표상을 딸이 성인이라는 표상으로 바꾸었을 때 딸이 성인처럼 행동하기 시작했다. 이런 식으로 그 부모는 딸과의 관계에서 완전히 새로운 경험을 창조할 수 있었다.

그 부모와 딸에게 일어났던 변화는 "어떻게 우리의 내적 현실이 외부 현실과 직접적으로 관련되며, 이 두 가지는 서로에게 어떻게 영향을 미치는가?"라는 원래의 문제를 다시 생각해보게 한다.

우리의 외적 현실은 내적 현실의 반영이라고 했다. 자연이 우리에게 해 줄 수 있는 것은 수준 높은 정신적인 성취를 하는 것뿐만 아니라 우리가 원하는 삶을 창조해내는 완전한 모델로서의 역할을 해준다.

인생에서 우리가 창조해내는 해결책은 우주 변화의 원리를 깨닫고 여러 가지 삶의 영역 전부에 그것들을 적용하는 것이다. 식물의 씨앗이나 은하계의 행성 안에 존재하는 것과 똑같은 창조적 잠재력을 우리가 이용하지 못할 이유는 없다.

언젠가 세계 최고의 갑부인 빌 게이츠는 한 TV방송 인터뷰에서

"모든 것을 이룬 사람으로서 이제 더 이상 하고 싶은 것이 무엇입니까?" 라는 질문을 받고서 "내가 오늘 하는 일은 무엇이나 과거가 되어버릴 것이므로 언제나 계속 변화해야 합니다. 현재의 위치에서 나를 계속 지키고 싶다면 변화해야만 합니다."라고 대답했던 적이 있다.

빌 게이츠는 버려야 할 것을 버리고 일하는 방식을 다시 조직하는 끊임없는 변화의 과정을 통해 다시 창조의 사이클로 되돌아가는 것이다.

section 2

원하는 결과를 얻는 Our Money GEO 전략

　변화를 시도하려고 할 때 원하는 것이 무엇인지 목표를 설정하고 달성하는 방법을 택하기로 하자. 목표를 달성하는 데에 있어서 첫 단계는 그것들을 확인하는 것이다. 우리는 목표 설정을 할 때 핵심 요소들을 명확히 하는 데 도움이 되는 GEO(Goal, Evidence, Operation) 모형을 적용하여 'Our Money GEO 전략'을 다룰 것이다. G는 목표(goal)를 나타내며, 현재 상태와 원하는 상태 사이의 격차(gap)를 나타낸다.

　GEO 모형은 목적의 핵심요소를 분명하게 해주며 목적의 필수적인 국면, 증거와 바라는 결과를 모두 포함한다. 또한 확실하게 명확한 목적을 갖도록 하기 위한 피드백, 목적 성취에 가까운 때를 아는 방법, 그리고 목적 성취를 위해 취해야 할 조치들을 제공해 준다.

■목적 : 자신이 지금 있는 곳(현재 상태), 자신이 가고 싶은 곳(바라는 상태), 목적 성취를 촉진하는 데 필요한 자원들

현재 상태+자원(필요한 기술 훈련 포함)=바라는 상태

■증거 : 감각에 기초한 것, 목적을 성취했다는 것을 어떻게 아는가?

■운용 : 목적 성취를 위한 조치들

목적 설정을 시작하기 위해 다음의 표를 완성해 본다.

목적	증거	운용
현재 상태 또는 문제 -현재 있는 곳은? 바라는 상태나 결과 -가고 싶은 곳은?	자신이 성취했던 목적을 아는 방법 · 어떻게 생겼는가? · 느낌이 어떤가? · 사람들이 뭐라고 하는가? · 다른 사람들은 어떻게 알까? · win-win인가?	결과 성취를 위한 조치들과 예비 계획(back-up plan) 어떤 뜻밖의 일이 적절하게 필요할까?
자신의 목적	자신의 증거	자신의 조치들

우리는 살면서 원하는 것을 만들어 내거나 부를 쌓아올리는 전략과 같은 어떤 계획을 창안해 본 적이 있을 것이다. 우리가 제한적 신념이라고 찾아낸 신념들을 경험해 볼 생각을 하고 있다면, 또는 자신

이 창안해낸 전략에 관해 생각한다면 아마도 그것이 몇 가지 제한 신념들에 기초해 있었음을 알게 될 것이다. 새로운 신념에 비추어 우리의 전략이 무엇인지 개관해 볼 좋은 때일 것이다. 그렇게 함으로써 스스로 혼자 힘으로 만들어 내고 싶은 것, 목표, 방향을 형성할 수 있다.

일단 우리가 신념을 바꾸면 예전의 전략은 더 이상 적절하지 않다. 우리가 원하는 것을 더 많이 창조하기 위해 능력을 쌓아야 한다. 그래서 다음 단계에서 전략(Strategy)에 대해 이야기해 보기로 한다.

목표(Goal) 확인

목표 설정 수준에서 원하는 것을 창조하는 첫 단계는 "지금 여기는 어디인가, 그리고 나는 어디에 있고 싶은가?"를 자문하는 것이다. 원하는 것을 확인해야 한다. 우리가 부자가 되고 싶은 목표는 무엇인가? 우리가 진정 원하는 것, 우리 인생에 큰 차이를 만들어 줄 것은 무엇인가? 긍정적인 말로 부자가 되고 싶은 목표를 서술한다. 자신이 원치 않는 것과는 정반대로 원하는 것을 반드시 나타내야 한다. 목표가 무엇인가?

구체적인 돈 액수의 관점에서 생각하지 말자. 인플레이션이나 디플레이션을 경험하거나 돈의 가치에 영향을 미치는 어떤 중요한 경제적 변화를 경험한다면 구체적 액수에 관한 신념은 더 이상 사리에 맞지 않을 것이기 때문이다. 소비를 해버린다 할지라도 "얼마를 원한다."라고 말하기보다는 오히려 "지속적으로 늘어나는 충분한 돈을 가지고 싶다."라고 말하는 편이 낫다. 그런 방식이 무슨 일이 일어난다 해도 자신의 신념을 가능하게 만들 것이다.

우리는 단기, 중기 또는 장기의 목표를 설정할 수 있다. 그러나 목표가 단기일수록 그것이 더 구체적이기를 원할 것이다. 그리고 나서 자신의 목표를 오감으로 충분히 생각해 본다. 구체적 예시를 제시하여 보고 듣고 느껴본다. 모든 감각 속에서 생각해 본다. 그렇게 하면 구체적이 될 것이다.

증거(Evidence)

다음 단계는 '우리가 목표를 향해 움직이고 있다는 것을 정말 어떻게 알까 또는 그것을 달성했다면 어떻게 알까?' 하는 것이다. 이번 여름휴가를 위해 3백만 원을 모으겠다는 것과 같이 구체적인 목표를 가지고 있다면 그것은 매우 간단히 측정할 수 있는 것이다.

'돈은 내게 쉽게 다가온다.' 와 같은 것이 자신의 신념이라면 유입되는 돈의 액수가 지속적으로 증가되기를 원하며, 그때는 분명하고 감각에 기초한 방법으로 정의하고 싶을 것이다. 돈의 유입은 주식시장과 비슷해서 오르내림이 있겠지만 유동 평균이 적절한 방향으로 가고 있는 한 그것은 아마도 원하는 것이 될 것이다.

운용(Operation)

다음 단계는 목표를 달성하기 위해 우리가 해야 할 것을 아는 것이다. 행동 계획이 무엇인가? 거기에 도달하는 한 가지 방법은 그것을 가지기 위해 발을 들여놓는 것이다. 먼저 목표를 이미 달성했다고 충분히 상상하고 나서, 다시 돌이켜보고 자신이 거기에 어떻게 도달했는지 이해한다. 마치 목표에 도달하여 결과를 얻은 것처럼 어떻게 거기에 도달했을까, 그리고 그것이 우리에게 무엇을 해 줄 것인가를 생각한다.

목표를 설정함에 있어서 우리는 반드시 자신이나 다른 사람을 상처주지 않아야 한다. 자신의 목표를 현실화시키는 데 불리한 점은 있는가? 어떤 장애물이 있는가? 그것을 하지 못하게 하는 것은 무엇인가? 그것을 가지기 위하여 포기해야 하거나 잃어야 하는 것이 있는가? 이것은 환경 점검과 관련된 것이며, 원하는 것을 진실로 가질 수 있기도 전에 하차해야 하는 것이 있다면 찾아내는 기회가 되기도 한다.

잘 형성된 목표를 가졌다면 그 다음에 우리는 체제 정렬을 해야 할 차례이다. 이것은 우리 자신의 보다 심층적인 핵심 분야와 우리 자신을 정렬하는 과정이다. 우리 자신이 구체적인 방향으로 자동적으로 움직일 때, 그러한 똑같은 궤도 안에서 우리 심층적인 내면의 분야들도 모두 같이 움직이도록 하기 위한 것이다.

section 2

내 인생을 변화시키는 자아 정렬 과정

자아 정렬 과정의 목표는 신체적 자아, 정신적 자아, 사회적 자아, 정서적 자아를 보다 높은 차원의 목표와 사명과 정렬하는 것이다. 이 과정은 변화의 흐름을 인식해서 원하는 것을 유인하는 데에 도움이 될 것이다.

또한 원하는 것을 실현시키기 위해서 인생에서 무엇을 변화시켜야 할 것인지를 파악하게 해 줄 것이다.

대체로 이러한 변화들은 자신만의 시간 갖기, 명상하기, 일기 쓰기, 창조적인 공간 갖기 등과 같이 단순한 것들이다. 아침에 신문을 보지 않거나 TV시청 시간을 줄이고 인터넷 서핑 시간을 줄이는 것 등도 우리가 전혀 알지 못했던 새로운 세계를 열어줄 수 있다는 것을 깨닫게 해줄지도 모른다.

앞 장에서 변화의 원리와 자아 정렬 과정에 대해 알게 되면 창조나

번영으로 올라가기 위해 어떤 생존 방식을 놓아버리거나, 일을 처리하는 방식을 개편하거나, 생각과 인식을 바꾸어야 함을 설명했다.

이는 우리 자신의 에너지를 빼앗아가는 해로운 관계를 놓아버릴 수 있다는 의미이다.

원하는 것을 달성하지 못하도록 방해하는 신념이나 행동을 놓아버려야 하며, 세상을 바라보는 시각이나 특정 상황을 인식하는 방식도 변화시켜야 할 것이다. 뱀이 허물을 벗고 나무에서 낙엽이 지듯이 우리도 버려야 할 것들을 놓아버려야 한다. 나뭇잎은 다시 돋아나며, 뱀이 허물을 벗는 것은 다시 새로운 가죽이 생기기 때문이라는 사실을 기억하자.

스스로 놓아버리는 것을 허락하고 필요한 변화를 하게 되면 보다 많은 자유를 느끼기 시작할 것이며, 비워진 공간에 새 것이 채워지면 창조의 에너지가 밀려와서 새로운 에너지로 갱신되어 원하는 것을 강하게 끌어들여 담을 수 있는 그릇이 될 것이다.

"말하기는 쉽지만 실천하기는 어렵다."고 불평하는 사람이 있을 것이다. 그런 불평 또한 맞는 말이다. 하지만 일반적으로 그렇게 말하는 사람들은 대부분 원하는 것을 얻지 못하고 있는 사람들이다.

사람은 누구나 원하는 것을 이룰 수 있는 자원을 자신의 내면에 가지고 있다. 이 자원이 보다 훌륭한 일과 조화를 이룬다면 원하는 것을 무엇이나 창조해내는 자원이 된다. 원하는 것을 달성하지 못하도록 방해하는 것을 통과하여 우리 자신을 이끌고 나갈 자원도 또한 똑같이 가지고 있다.

우주의 자연 법칙에 대해 마음을 열면 보다 높은 차원의 자아와 삶의 목표와 완전히 정렬되게 되며, 조화를 이룬다. 이때에 우주의 마법이 눈앞에 펼쳐지고 우리는 자연스럽고 수월하게 원하는 것을 끌어들일 수 있게 된다.

section 2

자아를 창조하는 비결

크리스틴 홀봄(Kristine Hallbom)은 신경 생물학자이자 교수인 움베르토 마투라나(Humberto Maturana)와 프랜시스코 발레라(Fransisco Varela)가 1970년대 초반에 공동 개발한 자아 창조에 대한 산티아고 이론(Santiago Theory of Autopoiesis)에 관심을 집중했다. 이 이론은 모든 생명체제 내에서 발견될 수 있는 패턴인 '자아창조'에 초점을 맞추었다.

'auto'는 그리스어로 자아를 의미하며, 개인의 정체성을 가리킨다. 'poeisis'는 생산이나 창조를 의미하며 모든 생명체제 내에 존재하는 지속적인 창조의 과정을 가리킨다. 따라서 'autopoiesis'는 자아창조라고 할 수 있다.

크리스틴은 이 개념을 통해서 인간의 본성과 자아 창조의 기술을 통해 창조가 인생에서 원하는 것을 끌어들일 수 있는 유인자가 될 수 있다는 사실에 깊은 인상을 받았다. 예를 들면 세포는 유사분열 과정을 거칠 때 외부의 도움이 없이 자가 복제를 할 수 있다. 어떻게 이것이 가능할까? 이것은 세포가 내부에 자아 창조를 할 수 있는 모든 자원을 가지고 있기 때문이다. 세포는 본래 선천적으로 자아 창조적이며 인간도 또한 마찬가지다. 사람도 모든 꿈을 이룰 수 있는 자원을 가지고 있으며, 이러한 자원은 신념 체계와 정체성의 형태로 우리의 내면에 존재하고 있다.

우리의 신념과 보다 높은 차원의 자아는 지속적으로 긍정적인 경험을 실천하기 위해 노력한다. 물론 부정적인 경험을 만들어내는 신념도 있다. 그러나 제한 신념을 발견하고 자신을 옭아매고 있는 제한 신념으로부터 자유로워져 빠르게 변화시켜 극복할 수 있기 때문에 신념 변화시키기는 개인의 선택 문제일 뿐이다.

크리스틴은 그녀가 제시한 우주 변화의 원리라는 모형 이론에서 매우 동양적이고 직관적이며 자연사색적인 경향을 나타냈듯이 '자아 창조 기술'에 대한 이론에서도 자연을 관찰하라는 조언을 하고 있다. 크리스틴에 의하면 우리가 자연을 관찰하면 모든 곳에서 자아 창조가 일어나고 있는 것을 보게 되며, 그러한 자아 창조의 보편적이고 생물학적인 패턴을 관찰함으로써 많은 것을 배울 수 있다.

사실 자연은 언제나 우리의 위대한 스승이다. 자연은 우리의 자아 창조 기술의 모델이다. 나무가 정체성의 위기를 겪거나 별이 화를 내거나 우는 것을 본 적이 있는가? 나무나 별은 우리 인간과 동일한 인지적 신념 체제를 가지고 있지 않기 때문에 그러한 일은 결코 일어나지 않는다. 따라서 제한 신념과 각인 때문에 문제를 겪고 있는 인간에 비해 나무와 별은 자연과 쉽게 조화를 이루어 간다.

크리스틴은 자아창조 이론을 통해 ① 어떻게 개인적인 삶의 경험을 통해 자신만의 현실을 창조해내는가? ② 어떻게 의식적·무의식적으로 원하는 것을 표현하는가? ③ 어떻게 언어, 인지, 지각하는 행위를 통해자신이 알고 있는 현실을 실천하는가? 와 같은 문제들을 이해하게 해주는 통로를 제공하고 있다.

우리 인간의 자아 창조는 일상의 의식적 사고와 정체성을 구성하는 무의식적 분아들(parts=mini-self)에 영향을 미쳐 자신들의 내적 현실 지도를 창조하고 외적 현실의 창조에 영향을 미친다. 외적 현실은 내적 현실의 반영이다. 사실 인생은 내적인 경험이다. 우리들 각자의 현실 지도는 각자의 내적 현실 경험 구조가 자신들이 아는 유일

조화되기(Congruency)

- 사회적 자아
  머리/사고/이성/판단/행동
  성공/소속감/조화
  안전/의무

- 통합된 자아
  통합되었을 때
  참된 우리의 모습

- 독특한 자아
  마음/욕망/존재
  자신만의 독창적인 삶을 사는 것

- 소속되고 존재하기 위해서 우리가 해야하거나 되어야 한다고 생각하는 것

- "독특한 자아"
  -우리의 경험

- 제한 신념
  자기 판단-
  우리가 되기를 두려워 하는 것

한 영토 지도인 것이다. 내적 경험 구조가 각자의 개인적 현실을 어떻게 창조해내는지를 결정한다. 그러므로 자아 창조는 성공을 창조하고 생성해내는 방법과 밀접한 관계가 있다. 완전히 새로운 관점에서 꿈을 실현하고 원하는 것을 가지기 위해 의도와 목표를 설정하고 제한 신념을 놓아버리고 자아와의 조화로운 정렬을 통해 자아 창조가 일어나게 한다는 것이다. 자아의 조화로운 통합이 이루어진다는 것은 개인 속의 독특한 자아와 사회적 자아간의 통합을 의미한다.

제 3장

돈(Money)과 부(Weath)에 대한 마음가짐

section 3

1: 부자로 성공하려면 마음가짐부터 바꾸자!

　마음가짐은 목표 수행과 달성에 절대 필수적이다. 어떤 마음가짐을 가진 사람은 원하는 결과를 달성하도록 스스로를 이끌어주는 방향으로 행동할 것이다. 그러므로 개인이 마음가짐을 바꿀 수 있다면 이것은 행동 방식과 성취하는 결과의 변화를 초래할 수 있다.

　예를 들어 스포츠에 능숙한 사람들은 적절한 마음가짐을 갖지 않으면 올림픽 경기 기준을 성취하지 못할 것이다. 자기 회의나 비관적 전망을 가진 엘리트 스포츠인이 올림픽 경기 선수가 될 거라고 상상할 수 있을까?

　변화는 살아가는 동안에 늘 일어난다. 대부분의 사람들은 하루에도 몇 번씩 마음을 바꾼다는 증거가 있다. 사람들은 매일 기업, 사회적 또는 가정문제와 관련하여 종종 그들의 견해를 바꾼다. 견해를 바꾸는 것은 실제로 마음가짐을 바꾸는 것에 관한 것이다.

대체로 사람들이 마음가짐을 바꿀 수 있는 5가지 주요 방법이 있다. 이것은 ❶정체성 ❷가치 ❸신념 ❹기능 ❺행동들을 포함한다. 마음가짐을 바꾸는 가장 어렵지만 가장 효과적인 방법은 정체성을 바꾸는 것이다.

마음가짐을 바꾸는 다른 방법들은 작동하기에는 훨씬 더 쉽지만 훨씬 더 긴 시간이 걸려야 마음가짐이 바뀐다. 마음가짐을 바꾸는 주요 영역들 각각에 대한 간단한 설명은 다음과 같다.

❶정체성을 바꾸기 위해서는 자신에게 매우 중요해서 자신의 삶 속에 있는 그 밖의 모든 것이 줄어드는 새로운 목적을 찾아낼 필요가 있으며, 사실상 과정을 바꾸고 새 열정을 추구한다.

❷가치를 변화시키기 위해서는 현재 무슨 가치를 가지고 있는지를 이해하고 완전히 의식할 필요가 있으며, 자신이 무슨 가치에 의지하여 살고 싶은지를 의식적으로 선택하고 나서 가치를 다시 짜야 한다.

❸신념을 바꾸기 위해서는 자신이 가진 신념을 이해하고 의식하고 나서 의식적으로 새 신념에 따라 살기로 선택할 필요가 있다.

❹기능을 바꾸기 위해서는 무슨 기능이 부족하고 필요한지 이해해야 하고 적극적으로 새로운 기능을 배우고 매일의 기반 위에서 그 새로운 기능들을 적용한다. 그 기능들은 직업, 부, 사회적 관계와 운동을 포함한 개인 생활의 어느 부분에도 관련된다.

❺행동을 바꾸기 위해서는 무슨 행동이 스스로를 제한하는지 확인하고 나서 적극적으로 그 행동들을 바꾸어야 한다.

사람들은 "나는 착한 사람인데 돈을 버는 데는 왜 더 성공하지 못하고 있는가?"라며 종종 딜레마와 혼란을 경험한다. 그러면서도 그들의 마음가짐이 돈을 버는 목적을 지지하지 못한다는 것을 의식하지 못한다.

매우 성공한 사람들의 마음가짐을 연구하고 그들이 성공한 이유를 정확히 파악하는 것은 성공을 초래할 수 있는 정체성, 가치, 신념, 행동의 주요 영역을 명확히 해 줄 것이다. 똑같은 주요 영역을 채택하여 성공한 사람들을 모델링하면 그때서야 변화는 일어나기 시작하며, 높은 수준의 성공이 성취될 수 있다.

section 3

돈과 부를 얻기 위한 마음가짐 3가지

기문둔갑을 쓴 제갈공명은 부와 재물을 얻는 3가지 마음가짐이라는 것에 대해 언급한 기록이 있다.

이기는 마음가짐과 지키는 마음가짐은 '하나'이다.

이긴다는 것은 외적을 쳐부수는 것이며, 지키는 것은 내부의 결속을 굳히는 것이다. 외적에게만 눈을 돌려서 "이기자, 이기자"라고 불타올라 자신의 내면을 잃거나, 내부가 붕괴해버릴 가능성이 높아질 우려를 경계해야 한다는 것이다. 항상 공포와 불안을 가지고 있기 때문이다. 지키는 것에 만전을 기한다면 반드시 이길 수 있는 것이다. 내부의 결속이란 마음을 하나로 하는 것이다. 즉, 우선은 수비하면서 뜻을 높게 가지고 마음이 하나가 되는 상황을 만들면 승리는 자연히 다가온다는 의미이다.

승리를 얻는 데에는 4가지의 요소 – 정신력, 실력, 전략, 지형 즉 場(Field)이 필요하다.

군대이든 기업 조직이든 리더와 조직 구성원들의 두뇌의 파워와 의욕에 따라 그 움직임이 달라진다. 그러므로 사람들의 정신력이 중요하며, 언제나 훈련을 해서 즉시 행동할 수 있는 실력이 갖추어져야 한다.

전략 요소란 장래 비전을 그리지 않고 무엇을 얻고 싶은 지를 알 수 없어서, 전략 등을 세우지 않는 많은 현대 젊은 세대들에게 경종을 울려주는 제갈공명의 메시지라는 생각이 든다. 그는 교묘한 정보수집 활동을 통해 작전을 세웠다고 한다.

정보가 지나가는 곳에서 정보를 포착하고, 인터넷만으로 정보를 얻으려고 하기 때문에 참된 정보활동이 가능하다고 할 수 없다.

살아 있는 정보를 얻으려고 한다면 남에게 듣는 것도 중요하다. 또 하나뿐인 정보원을 믿지 말고 다양한 각도에서 수집하고, 팽창된 정보를 자기 나름대로 검증하고 선별하는 것이 중요하다.

인터넷 정보만으로는 낮은 곳을 기어다니는 벌레가 위를 보는 일 없이 언제나 지면만 보고 있는 상태와 같다. 이제 보다 큰 세계로 나가서 다양한 안목을 갖고 오감을 전부 활동시켜야 한다. 그런 훈련을 통해 미래의 비전을 그려 본다면 전략을 적극적으로 연마할 수 있을 것이다.

마지막 요소로는 장(場)의 유리함과 불리함을 판단하는 것으로 장소가 나쁜 곳에서 전투를 시작하면 이길 수 없는 이치이다.

예를 들면 적벽 대전에서 공명은 풍향을 통해 아군 적군 어느 쪽에 불이 붙게 되는지를 결정했다. 이를 장(Field)이라고 한다. 공명은 심리와 장을 교묘하게 사용했다. 몇 번이나 적의 대장을 생포해서는 도망가기 쉽게 한다. 왜냐하면 무력으로 억눌러서 천하를 얻는다면 천하를 다스리는 것이 불가능하다는 것을 알고 있었기 때문이다.

마음가짐으로 인간을 잘 아는 자가 승리한다.

춘추전국시대와 같은 격동의 시대가 낳은 병법 철학은 현대에도 응용 가능하다. 현대는 다분히 경제전국시대라고 할 수 있다. 비즈니스에서 성공하기 위해서는 사람의 마음을 휘어잡고 시대를 꿰뚫어 보는 힘을 지니는 것이 중요하다.

예측하고 통찰하는 것보다 어떻게 하면 미래를 변화시킬까가 더 중요하다. 몇 년 후에 죽게 될지, 테러가 있을 것을 예측하는 것이 어떤 도움이 될까? 희망적인 전망은 현실에서 비참한 일이 일어나게 되면 그 절망감을 위로하는 것에 불과하다.

이제는 구체적으로 어떻게 하면 미래의 삶을 변화시켜서 행복을 추구할 수 있을지에 주안점을 두어야 할 것이다. 그것이 '행동한다'고 하는 것이다. 행동이라고 하는 것은 감정에 근거한 것이므로 마음의 움직임이 있어야만 사람은 행동을 하게 된다.

section 3

원하는 것을 얻기 위한 실천력

실천력이란 여러 가지 삶의 사건, 느낌, 태도, 전반적인 존재 방식을 의식적으로 창조하고 나타내는 능력과 관계되어 있다. 우리는 행동, 생각, 가치, 신념, 꿈을 통해 현실의 싹을 틔운다. 실천력은 인생에서 원하는 것을 의식적으로 만들기 위해서 선택을 하고 그 일이 실제로 일어나도록 필요한 조치를 취하는 것을 말한다.

이 섹션에서는 원하는 것을 의식적으로 실천하고 경험을 창조해 내는 방법을 찾아내서 우리 자신의 현실을 재조직하는 법에 대해 몇 가지 생각을 나누고 싶다.

자신이 선택한 현실을 의식적으로 실현하는 데 가장 성공한 사람들은 끊임없이 '자신을 알기' 위한 여행을 한다. 원하는 것을 얻지 못하게 가로막고 있는 것이 무엇인지, 원하는 것을 창조하도록 능력을 부여하는 것이 무엇인지를 찾아내기 위해서 맨 처음으로 시작할 것은 심오한 자기 탐색을 하는 것이다.

신념 변화 과정이라는 경험을 통해 우리를 가로막고 있는 제한신념을 바꿔서 원하는 것을 향해 나아간다. 신념이란 어떤 방식으로든 우리로 하여금 행동하게 만든다. 신념을 바꾸고 생각하는 방식을 바꾸면 원하는 것을 더 많이 창조해 낼 수 있다.

최근 10여 년 동안에 머릿속으로 생각하는 것이 어떻게 현실을 만들어 내는지에 관해 엄청나게 많은 과학적 연구와 새로운 생각들이 나타났다. 그런 능력을 이용할 수 있다면 세상을 살아가면서 인생의 큰 변화를 창조해 낼 수 있다. 이 책의 목적은 바로 우리 자신이 원하는 것을 명확히 하고 원하는 방향으로 움직이기 위해 그것을 이용하는 것이다.

노만 필(Norman Vincent Peale)이 쓴 『적극적 사고의 힘(The Power of Positive Thinking)』, 나폴레옹 힐(Napoleon Hill)의 『생각하라, 그러면 부자가 된다(Think, and Grow Rich)』, 샤크티 가와인(Shakti Gawain)의 『창의적 시각화(Creative Visualization)』와 같은 책들은 우리가 매우 명확한 목적을 갖고 있고, 그 목적에 자신의 모든 부분들이 일치한다면 그것을 얻기 위해 무의식적 행동을 조직한다고 말한다. 즉 원하는 것을 향해 목적을 달성하는 방향으로 무의식적 마음을 정하는 것이다.

혹시 원하는 것을 알고 그것이 일어났던 경험을 가진 적이 있는가? 또는 무언가를 원했던 경험은 있지만 중도에 어떤 장벽을 느낀 적은 있었는가?

아마 그 장벽들은 신념들이거나 해결되지 않은 지나간 문제들, 혹은 충돌하는 목적들일 것이다. 과거를 풀어내서 무엇인지를 알아내는 것은 신념 영역과 관계가 있다.

여기에서 특히 제한 신념을 찾아내고 변화시키는 기술을 갖고 있고, 이 방법들이 매우 일관되게 지속적으로 작용된다는 실증적 효과까지 확인된 NLP 심리학의 마법이 적용될 수 있다.

원하는 것을 위한 목적 달성의 여지를 주기 위해 자신이 붙잡고 있는 것을 어떻게 놓아버릴지가 그 핵심이다.

이제 여기서 우리가 원하는 것이 실현되도록 유인할 수 있는 9가지 요소를 살펴보고 자신의 현실을 재조직할 수 있도록 하자.

원하는 것을 유인할 수 있는 9가지 요소

- 장場(Field)
- 능력
- 인생의 목적
- 태도, 기분과 느낌
- 목표 · 꿈 · 비전
- 가치관
- 의도
- 신념과 각인
- 과거에 해결하지 못한 문제를 놓아버리기

❶ 능력

자신의 삶에서 어떤 부류의 경험을 끌어당기고 싶다면 그때 자신이 하고 싶은 것에서 유능해지는 것이다. 훌륭한 골프선수가 되고자 하는 사람은 먼저 골프 비디오를 보고 골프 레슨을 받는 등 연습을 해야 한다. 또 돈을 많이 벌고자 하는 사람은 먼저 돈을 버는 방법에 대한 책을 읽어야 한다. 또한 사업을 시작하고자 하는 사람은 창업과 관련된 깊이 있는 조사를 해야 한다.

당신이 하는 일에서 유능할수록 인생에서 원하는 것을 보다 효과적으로 이룰 수 있다. 무엇인가를 시작할 때 가장 좋은 방법은 전문가가 되고자 하는 영역에서 요구하는 능력을 갖추는 것이다. 능력의 또 다른 측면은 일관성 있고 예측 가능한 행동이다. 능력은 또한 균형을 지키고 자신의 목적이 얼마나 현실적인지 점검하는 방법이다.

❷ 마음 상태(태도, 기분과 느낌)

원하는 것이 실현되도록 유인할 수 있는 두 번째 요소는 감정, 태도와 기분, 느낌과 관계가 있다. 기분이 나쁘다면 나쁜 경험을 끌어당길 것이라고 인식한 적이 있는가?

가능한 한 자주 긍정적인 정신 상태를 유지하는 것이 중요하다. 랄프 왈도 에머슨(Ralph Waldo Emerson)은 자신의 에세이 '보상(Compensation)'에서 "당신은 생각한 대로 받을 것이다."라고 말했다. 우리가 기분이 좋았을 때나 행복한 하루를 보냈을 때, 다른 사람들이 보통 때보다 우리에게 잘 웃어주고 친근하게 대해준 것 같지 않은가?

반대로 기분이 안 좋거나 힘든 하루를 보낼 때는 일이 더욱 꼬이는 것 같이 느낀다. 우리 자신의 태도, 기분, 감정이 다양한 인생 경험을 유도하는 강한 유인 요소인 것이다.

따라서 우리가 느끼는 감정은 그것이 어떤 것이든지 간에 의식에 나타나게 된다. 왜냐하면 외적 현실은 우리 자신의 내적 현실을 반영하기 때문이다. 그러므로 긍정적인 경험을 하고 싶다면 스스로 긍정적인 사람이 되어야 한다. 자신과 자신의 인생에 대해서 긍정적으로 생각하고 싶다면 내면의 생각을 관찰해 볼 필요가 있다. 자신이 지닌 생각은 무엇이고 태도는 어떤지 생각해 보자.

부정적인 생각들은 스스로 강해지는 특성이 있다. 뇌에는 망상 활성화 시스템(Reticular Activating System)이라고 불리는 구조가 존재한다. 이것은 우리 자신이 주의를 기울여야 할 것이 무엇인지를 파악하게 해주는 신경 필터이다. 부정적인 상태에 있을 때는 부정적인 것에 집중하게 되는 반면에 긍정적인 상태에 있을 때에는 긍정적인 것에 집중하게 된다. 긍정적인 것을 찾을 때 우리는 새로운 긍정적인 경험 전체를 끌어들일 수 있는 것이다.

❸ 과거에 해결하지 못한 문제를 놓아버리기

원하는 것이 실현되도록 유인할 수 있는 세 번째 요소는 놓아버리는 것이다. 오래된 신념을 버리고 그것을 변화시키거나 과거의 해결하지 못한 문제를 놓아버리는 것이다. 이것은 우리가 누군가를 용서하는 기회일 수도 있다. 당신은 화가 났던 누군가에게 정말로 힘든 감정을 버리거나 풀어버린 적이 있는가?

지난 수십 년 동안 우리는 용서하지 않으면 종종 건강에 중요한 문제가 생긴다는 것을 알았고, 원한을 버리면 건강이 다시 풍요로워지기 시작한다는 것을 알았다. 과거의 풀지 못한 문제는 많은 형태를 띠고 있다. 사소한 일일 수도 있고, 단순한 일일 수도 있다. 여기서 말하는 과거에 해결하지 못한 문제란 과거에 분노, 배신감, 증오, 질투, 기타 다른 부정적인 감정을 야기했던 사람, 장소, 사물을 말한다. 내부적으로 느낀 감정은 모두 의식으로 나타나게 되어있다.

이러한 부정적인 감정을 버리는 최선의 방법은 그 감정을 완전히 인정한 다음 그것을 존중한 후에 버리는 것이다. 그 감정을 인정한다는 것은 부정적인 감정의 긍정적인 이유를 알아낸다는 것이다.

그러나 부정적인 감정을 버리더라도 부정적인 경험으로부터 얻은 교훈은 계속 존재한다. 여기서 명심해야 할 것은 초기의 경험과 연관된 감정을 버린 다음 그것을 긍정적인 것으로 대체해야 한다는 사실이다. 해결되지 않은 문제를 그대로 놔두는 것은 자신을 혼란 상태에 가두는 것과 같다. 이것은 마치 나무가 떨어지려는 나뭇잎을 잡고 자연스럽게 떨어지도록 내버려 두지 않는 것과 같은 이치이다.

자신이 원하는 것을 일어나도록 하고 원만한 인생을 살기 위해서는 우선 자신이 해결하지 못한 문제를 처리해야 한다. 그럴 때 보다 창조적이고, 즐거워지며, 새로운 가능성이 열리고 묶여 있던 에너지가 마법처럼 풀릴 것이다.

❹ 신념과 각인

우리가 원하는 것이 실현되도록 유인할 수 있는 네 번째 방법은 신념과 각인이다. 우리의 신념은 매우 강력하며, 경험과 각인을 앞으로 끌어당기는 유인 요소 구실을 한다. 각인이란 우리가 어렸을 때 일어났던 일이다. 당시에 우리는 그것에 관한 신념을 코드화했고, 그 신념을 평생 지니고 다닌다.

신념과 각인이 긍정적인가 부정적인가에 관계없이 이것들은 우리 자신의 내부에 존재하는 무의식적인 기억과 감정을 외부로 끌어내며, 이 기억과 감정은 시간이 지나면서 더욱 두드러져, 다시 우리 자신에게 영향을 미친다. 그래서 제한적 신념과 각인을 인식하고 이를 발전적 신념으로 변화시킨다면 강력한 유인 요소가 될 수 있다.

예를 들어 "돈을 버는 것은 어려운 일이다."와 같은 자기 제한적 신념을 가진 것을 알았다면 이 신념을 보다 긍정적인 것, 예컨대 "나는 빠르고 쉽게 돈을 모을 수 있다."로 대체하는 것이다. 그러면 더 새롭고 긍정적인 경험을 끌어들일 수 있게 된다.

❺ 가치관

원하는 것이 실현되도록 의식적으로 유인하는 다섯 번째 방법은 자신이 누구인지, 원하는 것과 자신에게 중요한 것에 관해 명확히 하는 것과 관계있는 가치관이다.

모든 사람은 자신만의 가치관을 가지고 있다. 이러한 가치관은 인생의 강한 원동력이 된다. 자신이 내리는 중요한 결정과 행동은 모두 가치관에 근거하여 이루어진다. 가치관은 중요한 유인요소로서 우리 자신이 인생에서 어떤 경험을 할지를 결정짓는다.

자신의 가치관 중에 어떤 하나와도 조화를 이루지 못하면 이러한 부조화를 반영하는 경험을 하게 된다. 예를 들어 정직을 중요한 가치로 생각하는 사람이 부정직한 행동을 했을 때는 이 사람의 시스템 전체가 혼란에 빠지게 된다. 가치관은 시스템의 검문소와 같은 역할을 하며 우리의 균형을 유지시켜 준다. 우리의 가치관은 우리의 시스템과 조화를 유지한다.

따라서 우리 자신이 가치관에 부합하는 삶을 살아간다면 의식적으로 원하는 것을 끌어들일 수 있게 된다. 그러나 반대의 경우에는 내부적으로 갈등과 혼돈을 겪게 될 것이다.

우리 모두는 사실상 어떤 면에서 누군가와 일할 때마다 기본적인 충돌에 부딪히게 된다. 이것은 인간 존재로서 두 본성들 간의 충돌이다. 어떤 면에서는 우리가 사회적 창조물이고 인간 존재의 세상에 맞추어 가야 한다. 사람들은 서로와 떨어져서는 최소한 잘 살아내지 못한다. 몇 년 전에 톰 행크스(Tom Hanks)가 주연한 캐스트 어웨이(Cast away)라는 영화는 그 좋은 사례이다. 황폐한 섬에 난파한 한 남자에 관한 그 영화에서, 그 남자가 일단 냉정을 되찾게 되었을 때 그는 첫 번째로 무엇을 했는가? 해변에서 축구공을 씻어서 공에 얼굴을 그리고 윌슨이라는 이름을 붙여주고, 그 이후 4년 동안 그것에게 이야기를 한다.

우리도 모두 똑같이 사람들과 떨어져서는 잘 살아내지 못할 것이다. 심지어 혼자 있을 때도 머릿속에서 대화가 돌아다니고 있는 경우가 있다. 사람들이 일반적으로 안전감을 느끼는 방식은 사회적으로 연결되어 있고 소속되어 있기 때문인 것이다.

또 다른 면에서는 우리가 모두 독특한, 유일무이한 자아라는 점이다. 우리는 각기 독특한 재능, 능력, 자질을 갖고 독특한 목적을 실현하고 공헌을 할 수 있는 유일한 존재이다. 이 독특성은 때로 우리를 놀라게 하기도 한다. 자격이 없다거나, 적임이 아니라거나, 혹은 무능하거나 운동이나 예능을 잘하지 못한다는 독특성을 우리는 어떻게 생각하고 있는가?

우리가 스스로를 상자 안에 넣고서 자기 자신에 관해 형성해 왔던 제한 신념들에 대해 생각해 보자. 무엇인가를 잘하지 못한다고 걱정하는 면들이 많아서 심지어 그것을 하지 않으려 한다.

그러나 그렇게 하는 것은 자신의 독특한 자아를 부정하는 것이다. 가끔 우리는 못한다고 생각하는 것을 중심으로 신념 작업을 해야 하며, 그럴때 비로소 우리의 자아에게 진실해질 수 있다.

❻ 의도

우리가 원하는 것이 실현되도록 유인하는 여섯 번째 방법은 자신이 하고자 하는 것에 대한 의도를 설정하는 것이다. '의도(intend)'라는 말은 라틴어 'intendo'에서 유래한 말로 "앞으로 뻗는다."는 의미를 지닌다. 의도는 우리 자신의 의지가 한 차원 높은 자아와 결합한 것이다. 의도를 설정한다는 것은 원하는 경험을 하기 위한 문을 여는 것이다. 또한 최고의 소원이 이루어지도록 우주에 메시지를 보내는 것이다.

의도는 목적 설정과는 다르다. 목적은 우리가 최종 결과로서 일어나게 하고 싶은 것이다. '행동 목적을 창조하고 싶다'고 상상해 보자. 그것에 관해 생각하고 두뇌가 그것을 처리하는 법을 인식한다. 이제 그 표현 을 '내 의도는 두 가지 새로운 것을 배우는 것이다'로 바꾸어 본다. 어떤 차이가 있는가? '의도'라고 말하면 훨씬 더 강력한 진술처럼 느껴진다. 목적도 중요하지만 의도는 우리가 그 순간에 방향을 정할 수 있도록 의지와 소망을 결합시키는 것이다.

부와 풍요를 창조해내는 한 방법으로서 의도의 실제적 활용 가능성은 전 세계 헤비급 챔피언 무하마드 알리의 사례에서 뚜렷이 나타난다. 알리는 실제 시합을 위한 준비에서 그의 기능을 연마하기 위해 정신적 예행 연습을 활용하여 그가 의도한 기술을 연습했다.

이것이 엘리트 선수와 평범한 경쟁자를 구별하는 결정적인 요소라고 한다. 이런 관점에서 알리는 '의도의 대가'라고 일컬어졌다. 그는 아마 가장 잘 알려진 "나는 가장 훌륭해" 라는 긍정적 선언, 시각화를 활용했다.

그가 두 문장으로 표현한 "나비같이 날아 벌 같이 쏜다(Float like a butterfly! Sting like a bee!)"는 링에 올랐을 때의 그의 의도라 볼수 있다. 알리는 계속적으로 그의 몸에 이기려는 의도를 보내고 그의 몸은 다음 순서로 반응했다.

❼ 목표 · 꿈 · 비전

우리가 원하는 것이 실현되도록 유인하는 일곱 번째 방법은 지속적으로 목표를 설정하고 원하는 것에 대한 비전을 그리는 것이다. 꿈과 목표는 핵심이 되는 강력한 유인 요소이다. 또한 당신이 간절히 바라는 것을 실현시켜 줄 청사진이다. 나아가 가장 바람직한 사람으로 끊임없이 발전시켜주는 원동력이라고 할 수 있다.

꿈과 목표를 비전과 결합시키면 긍정적인 동기가 부여되고 올바른 방향, 긍정적인 방향으로 나아갈 힘을 갖게 된다. 우리가 원하는 것에 관해 명확히 하고, 그것이 일어나기 시작하는 것을 바라보는 경험을 했던 적이 있을 것이다. 그때를 연상해 본다면 보다 쉽게 이해가 될 것이다.

세계에서 가장 뛰어난 골프선수인 타이거 우즈는 어린 시절에 프로골프선수의 기록을 모두 깨겠다는 목표를 세웠다고 한다. 우즈는 프로 골프선수의 이름과 그들의 기록을 종이에 적어 리스트로 만들었다. 그는 이 리스트를 머리맡에 두고 매일 밤 잠자기 전에 읽어보았다. 그리고 매일 밤 이 기록을 깨는 꿈을 꾸었다. 25세의 어린 나이에 우즈는 자신이 세운 목표의 반 이상을 달성할 수 있었다.

❽ 인생의 목적

우리가 원하는 것이 실현되도록 유인하는 여덟 번째 방법은 인생의 목적에 관한 것이다. 이는 우리가 여기에 존재하는 이유이며, 우리의 내면에서 울리는 것이며, 마음의 소망을 따르는 것이다.

우리는 모두 하고 싶은 것이 있다. 이는 모두 마음의 부르심이고 우리들 각자를 삶의 목적으로 이끈다.

생태계, 예를 들면 분자, 별, 나무, 물은 모두 특별한 존재의 목적을 지닌다. 생태계 중 유일하게 사람만이 인생의 목적과 열정에서 자주 이탈한다. 사람이 다른 생명체에 비해 특별한 것은 의식적으로 자각을 하고, 선택을 할 수 있는 능력을 가진다는 점이다.

그러나 한편 이러한 특성 때문에 우리는 인생의 목적 및 열정과 일치하지 않는 선택을 하여 스스로 슬픔에 빠지기도 한다. 또한 종종 우울하거나 어떤 것이 결핍되어 있다고 느끼기도 한다. 인생의 목적, 열정, 미션은 모두 우리가 원하는 것을 이루어 내게 하는 핵심적인 유인 요소이다. 우리는 모두 특별한 인생의 목적을 가지고 있다. 우리가 한 차원 높은 목적이나 소망에서 일탈하였을 때 이러한 부조화가 반영된 경험을 하게 된다.

부조화의 상태에 있을 때 부조화의 경험이 우리에게 나타나는 것은 인간에게는 균형을 회복하려 하는 속성이 있기 때문이다.

❾ 장(場, Field)

우리가 원하는 것이 실현되도록 유인하는 아홉 번째 방법은 모든 가능성 있는 형태가 발생하는 장을 중시하는 것이다. 하나의 강력한 필드 내부에 생태계가 존재한다는 의미를 함축하고 있다. 아홉 가지 핵심적인 유인 요소와 완전한 조화를 이루었을 때 우리는 날마다 특별한 우연과 조우할 수 있는 동시성의 마법이 발생하는 장으로 들어

가게 된다.

  F. 데이비드 피트(F. David Peat)의 '동시성 : 마음과 물질을 잇는 다리'(Synchronicity: The Bridge Between Mind and Matter)와 칼 융(Carl Gustarv Jung)이 말한 동시성의 원리를 생각해 보자. 즉 사람의 마음이 몸 밖으로 반사되어 다른 사람에게 전달될 수 있다고 하는 일종의 텔레파시가 우연의 일치로 보이는 형태 발생을 이해할 수 있을 것이다.

  우리가 원하는 것이 실현되도록 유인하는 것과 장이 어떻게 관계가 있는 것인가? 우리는 장 안에 있고, 그 안에서 여러 경험들을 창조해 내고 있다. 함께 일하는 사람들에 관하여 장(場)의 개념 속에서 생각하고, 목적을 달성하거나 일을 도모한다면 우리가 창조하고 있는 것에 대한 의식을 더 높여줄 것이다.

section 3

부자 마음가짐 테크닉

부에 대한 마음가짐을 발달시키기 위해서 자신의 정서 상태를 조절하는 것을 배워야 한다. 우리는 결정적인 신속 변화 공학인 NLP심리학에 기초하여 우리의 두뇌는 보다 많은 긍정적 선택을 해 나갈 수 있다.

한 사람에게 효과가 있는 것이 다른 사람에게는 효과적이지 않을 수 있다는 점에서 모든 고객을 만족시키는 '원 사이즈 피츠 올(one-size-fits-all)' 개념과는 다르다.

앵커링(Anchoring)

앵커링이란 의지할 힘이 되는 구체적인 마음 상태를 정확한 신체 위치에 안정시키는 테크닉으로서 짧은 순간에 원치 않는 감정을 변화시킬 수 있고, 어떤 미래 상황에서도 사용할 수 있다.

몇 분 이내에 우리 자신의 감정 상태를 바꿀 수 있음을 안다면 기분이 어떨까?

확실히 자신감도 생길 것이고 내 삶을 잘 관리하는 느낌일 것이다. 이 같은 변화는 앵커링이라는 NLP테크닉으로 성취할 수 있다. 앵커링은 행동 변화에 매우 효과적이고 배우기 쉽다.

앵커링은 이전에는 존재하지 않았던 별도의 두 요소들 사이에 연합을 만들어내는 것으로 자연스럽게 일어난다. 앵커는 사건들 사이의 연합으로 정의될 수 있다. 두뇌가 연결을 형성하는 내적 과정을 말한다. 이러한 닥치는 대로의 연합은 평생동안 일어나며, 강력한 결과를 가지고 있다. 앵커는 특히 강한 감정에 부착될 때 민감하지만 강력하다. 감정이 강할수록 앵커가 더 강하다. 연합을 만들어내기 위해 이 자연스런 마음의 능력을 이용하는 방법이 있는가?

물론이다. 인생에서 어느 때든 우리가 경험했던 어떤 상태나 독특한 몸짓, 행위, 옷, 냄새 등과 신중히 연관시킬 수 있다. 앵커를 창조해내는 과정은 매우 간단하게 배울 수 있다. 삶의 모든 상황에서 필요한 가장 유용한 상태를 앵커한다면 우리는 얼마 후에 꿈꾸던 삶을 살 것이다.

우리는 대부분의 시간을 행복해지는 것을 선택하고, 긍정적으로 반응하면서 다른 사람들을 대하는 태도에 부드러움이 넘칠 것이고, 기분이 좋고 들뜨고 충만해서 우리가 큰 일을 해냈을 때만 삶이 변화할 것이라고 생각하지 않고도 성공으로 가는 여행을 즐길 것이다.

- 우리가 특정한 상황에서 가지고 싶은 느낌을 선택한다. 예를 들어 회사에서 책상에 앉으면 의욕이 넘치고 에너지가 넘치고 싶은가? 집중력을 높이고 싶은가?
- 몇 분 동안 그 느낌을 가졌던 시간을 기억해낸다. 반드시 강한 사례를 선택한다. 과거에 없다면 이런 식으로 느끼고 싶은 것을 상상한다.
- 눈을 감고 명확하고 상세한 내용까지 그 느낌을 기억한다. 우리 자신을 지금 다시 그곳으로 데려가 매우 열심히 재 체험한다. 경험을 향상시키기 위해서 다음을 실험할 수 있다.
- 이미지를 더 뚜렷이 선명하게 하면서 더 가까이 가져오고, 색깔을 더 밝게 하며, 자신의 마음 속 스크린에서 이미지 위치를 바꾸거나, 소리를 더 맑게 하고, "Yes!" 또는 "멋져" 등 그 느낌을 강화하는 단어를 선택한다. 느낌이 최고조일 때 엄지손가락을 꽉 누르거나 주먹을 쥐거나 가운데 손가락과 엄지를 누르고, 귓볼을 당기는 등 독특한 몸짓을 만들어 신체적 연합을 만든다.
- 느낌이 쇠퇴해지면 앵커를 풀고 편안히 쉰다.
- 그런 느낌을 가지는 두 번째 사례를 선택하고 과정을 반복한다. 똑같은 제스처를 사용한다.
- 세 번째 사례를 선택하고 똑같은 제스처로 앵커한다.
- 시계를 점검하고 얼마나 시간이 걸리는지 본다.
- 앵커를 발사하고 그 느낌이 다시 돌아오는지 점검한다.
- 느낌이 충분히 강하지 않으면 그 과정을 반복한다.

또 감동적 그림이나 사진, 실물크기의 상, 향과 양초, 꽃과 식물, 음악, 보석, 조각상이나 상징적인 작은 입상, 멘토의 사진, 자신의 긍정적 선언을 쓴 카드 등도 앵커가 될 수 있다.

정신적 예행연습(Mental Rehearsal)

예행연습을 함으로써 성공을 기대하도록 두뇌를 훈련시키는 방법이다. 여러 상황에서 성공을 위해 규칙적으로 조건화시킬 수 있는 건강한 부자 마인드 개발법으로 활용할 수 있다. 이 테크닉은 어느 정도는 인위적이고 일부러 꾸민 듯하지만, 새로이 원하는 행동을 섬세하고 신중하게 연습하여 새로운 습관을 형성하는 데에 매우 효과적인 방법으로서, 몇 가지 스킬들이 있다.

❶ 새 행동 생성자(New Behavior Generator)

이것은 일반적으로 역할모델의 행동을 채택하는 데에 활용되는 모델링 테크닉의 일종으로서 신체적 문제가 있을 때 인공물을 부착하는 것처럼 성공하기 위해 새로운 행동모델을 몸에 부착 시키는 것과 같다. 최소한 30분 동안 방해받지 않는 장소에서 앉거나 편안히 누워서 시작한다.

· 자신이 가지고 싶은 행동을 하는 사람들 중에서 자신의 역할 모델을 정한 후, 그 사람에 대한 영화를 본다고 상상하면서 그가 어떻게 보고, 어떻게 신체를 사용하여 앉고 걷고 이야기하고 말

하는지 주목해 본다.
- 그의 행동을 정말 모델링하고 싶은지, 다시 한 번 숙고해 보고 그렇지 않으면 다른 사람을 고르기로 결정한다.
- 눈을 감고 다시 자신의 역할 모델이 원하는 행동을 하는 장면을 영화 보듯이 떠올리면서 마치 자신이 역할모델의 자리에 있다고 상상한다.
- 상상한 역할 모델의 자리에서 보고 들은 것이 마음에 들 때까지 하나씩 바꾸면서 자신의 부정적인 면에 적용하고, 그 정신적 그림 속으로 들어가서 스스로의 눈으로 살핀다.
- 새로운 행동을 가진 그 사람이 되는 것이 어떤지 자문한다. 그런 식으로 행동하고 싶은 미래 상황을 떠올리면서 상상한다. 미래 상황에서 자신이 행동하고 있는 것을 보면서 그 그림 속으로 들어가 자신의 눈으로 살핀다.
- 필요하다고 생각하면 계속 정교하게 다듬는다.
- 눈을 뜨고 현재로 돌아온다. 그리고 원하는 행동을 가진 '새로운 자신'이 된 것이라고 상상한다.
- 일어나서 새 사람으로서 돌아다녀 보면서 기분을 느껴본다. 그 느낌을 충분히 느끼고 앵커한다.
- 가능한 한 빨리 새 행동을 사용한다. 스스로를 자신의 한 분아(mini-self)를 준비하는 배우라고 생각하면 곧 그 분아가 될 것이다.

❷ 마치~처럼 행동하기 (As if Frame)

자신이 되고 싶은 사람이 이미 된 것처럼 생리현상·의상·어휘를 바꾸고 원하는 상태를 앵커하며 역할모델이 행동하는 것처럼 행동하는 테크닉이다. 이는 행동을 향상시키는 데 사용할 수 있는 하나의 시각화 과정 테크닉으로서 현재의 자아와 성공한 미래의 자아에 대해 생각해 보게 한다.

최소한 한 시간 정도 조용히 있을 수 있는 곳에서 편안히 긴장을 풀고 심호흡을 하고 눈을 감는다.

- 자신이 바라는 대로 미래 속의 자아를 그려본다. 미래의 자아가 어떤 모습이고, 옷은 어떠하며, 움직이고 말하거나, 서있고 걷는 모습은 어떠한지 주목한다.
- 서서 눈을 감은 채, 미래의 자아가 자기 자신 바로 앞 가까이에 서 있다고 상상한다.
- 그리고 미래의 자아에게 지금 있는 그 위치까지 가기 위해서 무엇을 했는지 묻고 그 대답에 주목한다.
- 미래의 자아에게 한두 걸음 더 가까이 다가가서 팔을 뻗어 손을 잡고 그 격차를 메울 수 있게 해달라고 부탁한다.
- 자신의 미래 자아의 발자국을 뒤따르면서 미래의 자아가 돌아서서 떠나가는 것을 상상한다.
- 눈을 뜨고 미래의 자아가 되기 위해 필요한 것을 기록한다. 그러고 나서 그것을 행하기 시작한다. 목적을 향해 취하는 모든

조치가 미래의 자아가 남긴 발자국이라고 상상한다. 이 발자국을 계속 따라가면 상상한 미래와 일치한 결과를 달성하게 될 것이다.

❸ 미래 가보기(Future Pacing)

우리의 행동 결과를 보는 간단한 방법으로 미래 가보기 테크닉이 있다. 여기서는 안소니 라빈스(Anthony Robbins)가 흔들의자 테스트(The Rocking Test)라고 부르는 NLP심리학의 미래 가보기 테크닉을 소개해 본다.

· 흔들의자에 앉아 자신의 삶을 되돌아보면서 훨씬 더 나이든 자신을 상상한다.
· 자기 자신이 목적을 달성하지 않았다면 어떠할지 상상한다.
· 어떤 느낌이 들까? 상실의 고통을 경험한다.
· 목적을 달성했다면 어떠할지 상상한다.
· 어떤 느낌이 들까? 성공의 기쁨을 경험한다.

이 과정을 끝낸 후 왜 자신이 목적을 달성해야 하는지 그 이유를 쓰고, 매일 보게 될 어딘가에 그것을 둔다.

멘토(Mentor) 활용하기

노동자, 소설가, 생물학자, 기업체 간부 등 다양한 직업에 종사하고 있는 40명의 남성들을 십여 년에 걸쳐 추적하면서 35세~45세 정도의 중년 시기에 일차적 관심을 갖고 전기적 면담(biographical interview) 연구를 한 레빈슨(Daniel J. Levinson)은 그의 저서인 『남자의 사계절(The Seasons of a Man's Life)』에서 멘토의 중요성을 철저히 강조하고 있다.

그 연구에서 관찰을 했던 모든 남성들이 전부 멘토가 있었음을 언급하였고 멘토의 중요성을 상담자로서, 사회에 적응하는 안내자나 주인으로서, 부모로서, 선생으로서, 본보기로서, 꿈을 이룰 수 있도록 지지하고 촉진하는 촉진자 등 다양한 역할 측면에서 상세히 기록하였다.

멘토는 현재 있는 곳에서 되고 싶은 곳으로 자신을 데려가는 가이드 구실을 한다. 멘토는 이미 성공해서 부자 마인드가 발달했기 때문에 그의 전략을 발견하기 위해 정확한 질문을 활용할 수 있다. 이 테크닉은 자신의 행동 속으로 멘토의 신념, 감정, 상세한 방법을 결합함으로써 성공의 지름길을 만들 수 있는 이점이 있다.

행동을 변화시키는 NLP 테크닉은 모델링 개념에 기초해 있다. 그 전제는 한 사람이 특정한 결과를 성취할 수 있다면 다른 사람도 그 사람의 할 수 있다는 신념, 정신적 전략, 생리현상의 3요소를 복제하여 똑같은 결과를 성취할 수 있다는 것이다.

자신이 원하는 것을 성취한 역할 모델을 멘토로 삼고, 그를 모델링하는 최상의 방법은 그들의 도제 상황에서 일하는 방법, 그들이 직접 쓰거나 그들에 관해 쓰인 자서전을 읽는 방법, 인터뷰를 하는 방법

등이 있다.

그들의 성공을 본뜨기 위해서 모든 측면을 채택할 필요는 없다는 것을 명심한다. 역할 모델에 관해 우리는 의사 결정 과정, 동기 부여 전략, 기획 전략, 목적에 전념해 있는 방법을 알 필요가 있다. 이러한 정보들을 얻는 전략은 다음과 같다.

- 그들의 성공 전략을 단계별로 윤곽을 그린다.
- 각 단계의 활동을 명확히 한다. 이 단계를 어떻게 완성하려고 하는가? 해야 할 것이 무엇이며, 무엇에 주목하는가?
- 그 사람이 사용하는 정의나 용어가 무슨 뜻인지, 보고 듣고 느낀 증거는 무엇이며, 이 특정 결과를 성취했을 때 어떻게 아는가?

생리학(Physiology)

상태를 즉시 바꾸기 위해서 신체 자세 등 생리현상을 사용할 수 있다. 긍정적 마음 상태가 부자 마음 창출에 필수적이다. 생리학은 생체 유기체의 생명 유지 과정과 작용을 다루는 과학이다. NLP심리학은 신체 자세와 움직임을 가리키는 용어를 주로 사용한다. 대부분의 사람들은 생리현상을 바꾸어서 마음 상태를 바꾼다는 발상에 익숙해 있다.

예를 들면 초콜릿, 아이스크림 같은 편안한 음식을 섭취함으로써 기분을 바꿀 수 있다. 또 따뜻한 샤워나 목욕을 하면 마음을 편안하게 릴랙스 할 수 있다. 빠른 음악을 들음으로써 에너지가 넘치게 할 수도 있다. 심호흡을 하면 느긋해지며, 걷고 달리고 펀치 백 때리기를 통해 긴장을 덜어낼 수도 있다. 이러한 생리현상의 변화가 우리의 마음 상태에 영향을 미칠 수 있기에 생리현상을 통해 성공자의 마음상태를 언제나 유지하도록 할 수 있다.

실험해 보자. 허공으로 팔짝팔짝 뛰며 손을 흔들 때 우울함을 느끼려고 해 보거나, 어깨를 축 늘어뜨리고 아래를 내려다보며 자신감을 느껴보려고 하고, 방 주변을 행진하면서 피곤함과 노곤함을 느껴보자. 신체의 움직임을 바꾸면 느낌에 미묘하지만 중요한 영향력을 미칠 수 있다는 것을 의식하게 된다.

생리현상 바꾸기는 아마 짧은 순간에 마음가짐을 바꾸는 가장 간단한 방법일 것이다. 생리현상을 바꾸는 연습을 해보자.

- 전신 거울 앞에 선다. 그런 다음 서고, 앉고, 걷고, 호흡하고 제스처할 때 거울 속에 있는 자신을 본다.
- 자신이 이런 동작을 바라보는 초연한 관찰자라면 어떤 첫인상을 갖게 될까를 생각하며 몇 분 동안 그것에 주목한다. 그리고 변화하고 싶은 것이 있는지, 자신은 어떻게 지각되기를 바라는지 생각한다.
- 여전히 거울 앞에 서서 자신의 성공에 중요하다고 생각하는 원하는 상태, 예를 들면 '자신감'을 활용하여 신중하게 자신의 생리현상 바꾸기 실험을 한다. 매우 자신감이 있다면 어떻게 움직이는지, 또는 어떻게 앉으며, 호흡하며, 모습이 어떠한지, 무슨

제스처를 쓰는지 물어보고 적절한 움직임을 실행해 본다.
- 거울을 보려하지 않고 몇 분 동안 한 번에 하나씩 이 움직임들을 연습한다. 그리고 신체를 자신감 있게 움직이는 것을 느낀다면 어떤지 알아차리고, 이런 방식으로 움직일 때 자신의 마음가짐에 주목한다.
- 그것을 기록하여 지갑이나 메모판에 둔다. 그리고 일주일 동안 어디를 갈 때마다 이 상태를 이끌어내는 걸음을 채택하는 등 자신을 훈련시킨다.

긍정적 선언

인생을 변화시키기 위해 자신이 혼자서 생각하고 타인들에게 말하는 것이 때로는 자신의 부자 마음가짐을 지지할 것이다. 이 테크닉은 자동적으로 성공에 집중할 수 있도록 두뇌를 훈련할 수 있다. 카링톤 박사(Dr. Carrington)는 19세기에 건강을 향상시키기 위해 사용한 최초의 긍정적 선언으로 "매일 모든 면에서 나는 점점 더 좋아지고 있다." 와, 현재의 현실을 반대하지 않고 "나는 선택한다."고 말할 것을 제안했다. 이 긍정적 선언은 우리 자신을 인생의 운전자 좌석에 놓고 보다 더 능력을 부여해 주는 것처럼 보인다. "나는 재정적으로 독립하는 것을 선택한다."라고 말하는 것이 더 믿을 수 있고, 의도와 방향을 암시하고 있지 않은가.

모든 창조는 생각으로부터 시작한다. 생각은 움직이는 에너지이고 행위는 움직이는 내용이라면, 에너지에서 내용으로 가기 위해서는 생각으로 시작하여 현실에 대한 표현으로 옮겨가야 한다. 그래서 생각이 먼저다. 일단 원하는 것에 관해 생각했다면 발상을 첫 번째 표현으로 제시해야 한다. 원하는 것이 무엇인지에 관해 이야기하기 시작하면 발상 영역에서 가능성의 영역으로 에너지의 움직임을 변화시킬 수 있다. 일단 무엇인가에 관해 이야기를 시작하면 어떻게 더 쉽고 사실적인 것처럼 보이는지 깨달은 적이 있는가? 그것은 당신이 발상들을 실체적이거나 물질적인 어떤 것으로 만들어 주기 때문이다.

다음 단계는 긍정적 선언이다. 이것은 자신의 의도를 큰소리로 나타내는 표현의 도구로, 말하자면 빵 위에 고기를 놓은 것에 비유할 수 있다. 정서 상태를 서술하거나 감정을 직접적으로 표현하기 위해 말을 사용할 때 자신의 정서를 강화한다. 예를 들어 실수를 했을 때 "젠장, 빌어먹을!" 이라고 말하면 실수에 관해 느끼는 분노를 강화하는 것이 된다. 그 대신에 "아차" 나 "아뿔싸" 라고 말하면 실수는 너무 흥분할 만한 가치가 없는 사소한 것임을 무의식에 전달한다. 언어 표현을 바꾸는 방법은 분노와 같은 강력한 스트레스 감정을 경험하는 횟수를 감소하는 방법으로 긍정적 정서에도 적용된다.

앤소니 라빈스(Anthony Robins)는 그의 책 『네 안에 잠든 거인을 깨워라』에서 긍정적이고 부정적인 상황 둘 다 스스로 바꾸고 싶은 단어 목록을 써놓을 것을 제안한다. 예를 들어 'happy' 같은 미온적인 긍정적 단어를 '황홀한'으로, '우울한'을 '덜 에너지가 넘치는' 으로 바꿀 수 있다.

자신의 삶에서 빠져 있는 것을 우리는 몇 번이나 한탄했는가? 긍정적 선언(Affirmation)이 '부족하다' 는 말을 중화시키려고 의도된 반면 현재 상황에 관해서는 진실을 말할 필요가 있다. 예를 들어 자신의 재정적 목적을 달성하지 못했다고 한다면 두 가지의 한정시키는 단어, '아직' '지금까지' 를 사용하여, "아직 은행에 1억 예금밖에 갖고 있지 못하다." 또는 "지금까지 체중을 감량하지 못했다"는 식으로 진술을 부드럽게 할 수도 있다.

우리가 달성하지 못한 원하는 목적을 가질 때 이미 달성한 다른 사람을 부러워하는 느낌을 피하는 것이 중요하다. 부러움이란 내가 원하는 것이 모두에게는 충분치 않아서 나는 가질 수 없다는 근본적인 신념에서 나온 것이다. 질투나 부러움은 자신이 정말 원한다는 무의식으로부터 온 신호로 사용한다. 이미 그것을 가진 사람을 보면서 "나는 그것을 갖게 될 것이다.", "그건 나를 위한 것이야.", "당신이 가지고 있는 것을 나도 가질 것이다." 라고 혼잣말을 해보면 부러움이 긍정적 선언으로 바뀔 수 있다.

긍정적인 선언은 변화를 위한 대중적인 방법으로 많은 책들과 오디오 상품들이 있다. 그러나 효과적인 긍정적 선언을 구성하기 위해서는 몇 가지 유의할 점들이 있다.

- 긍정적으로 진술되어야 한다.
- 자신의 이름을 넣는다.
- 현재 시제로 진술한다.
- 구체적이어야 한다.

· '지금'을 첨가하면 긍정적 선언을 더 멀지 않게 해줄 수 있다.

이러한 점들을 고려하여 예를 들어 보면 "나, ○○은 지금 활기에 넘치도록 건강하다.", "나, ○○은 지금 50Kg이다.", "나, ○○은 지금 일주일에 200만 원의 수입을 벌고 있다.", "나, ○○은 지금 사랑하는 관계를 가질 자격이 있다.", "나, ○○은 지금 탁월한 카피라이터이다."는 식으로 진술하는 것이 좋을 것이다.

이렇게 구성한 긍정적 선언들을 가지고 사람들은 조용히 자기 대화(Self-Talk)하는 방식으로 활용하기를 선호하며, 자신의 입장, 상대방의 입장, 나와 무관한 관찰자의 입장에서 3가지 방법으로 진술하는 방법을 채택하기도 한다.

목표 설정 테크닉

목표 설정이란 구체적 목표물에 대해 마음을 집중하는 것으로, 긍정적 결과의 가능성을 높여주므로 부자 마음가짐의 핵심 요소이다. 일단 목표가 확인되면 우리의 무의식은 그것을 달성할 기회를 자세히 조사하기 시작할 것이다. 재정적인 목적에만 초점을 맞춘 SMART 목표 설정 전략을 적용해보기 위해 다음의 문제들을 자문해 보자.

원하는 것은 무엇인가?

자신의 재정적 목표에 대한 목록을 만든다.

각 목표를 추구하기 위한 가장 논리적인 연대기적 순서는 무엇인가?

단계를 작게 생각해 본다. 예를 들어 첫 번째 목표는 자신의 현재 임금을 대체할 목적으로 사업을 구축하는 것이 될 것이다. 그 다음에 수입을 더 높이기 위해 사업을 확장하는 순서가 될 것이다.

첫 번째 목표를 선택한다.

자신이 이 목적을 달성해야 하는 설득력 있는 이유가 무엇인가, 그것을 달성하지 못하면 어떤 부정적인 일들이 발생할 것인가, 목표를 달성하면 어떤 설레는 일을 가지게 될 것인가를 적어본다.

지금 이 목표를 갖지 못하게 가로막는 것은 무엇인가?

장애물의 목록을 만든다.

이 목표를 달성하기 위해 어떤 부류의 사람이 되어야 하는가?

자신에게 현재의 장애물들은 어떤 행동, 태도, 신념인지 목록을 만든다.

각 장애물들을 제거하기 위해 어떤 행동 기법들을 사용할 것인가?

부자 마음가짐 테크닉을 경험해보고 가장 유용하다고 생각하는 것을 선택한다.

자신의 목표를 달성하기 위해 정말 어떤 행동이 필요한가?

목록을 만들고, 자신이 선택한 기법으로 이 목록들 중 몇 가지가 다루어질 수 있는지 점검한다.

이 목표를 달성하기 위해 단계별 계획을 설계할 수 있는가?

목표를 성취할 설득력 있는 긍정적·부정적 이유들과 함께 큰 종이 위에 목적을 쓰고 책상 위에 붙여둔다.

끝으로 자신이 원하는 각 목표에 관해 다음과 같은 질문을 함으로써 그 목표의 적합성을 점검해보자.

목표가 긍정적 용어로 진술되었는가?

목표는 구체적인가?

목표가 달성되면 무엇을 보고 듣고 느낄지 감각적으로 진술되어야 하고, 기획된 달성 예정일이 언제인지 진술되어야 한다.

증거 절차를 가지고 있는가?

목표를 달성했다는 것을 자신이 어떻게 알까? 자신과 다른 사람들의 반응이 어떠할지 상상해 본다.

목표가 자신의 통제 하에 있는가?

즉 목표 달성을 다른 사람에 의해서가 아니라 바로 자신이 주도하고 유지할 수 있는가를 점검한다.

그 결과가 누군가에게 해가 되는가?

자신의 인간관계, 가족, 친구들에게 어떠한 영향을 미칠까? 부정적인 것이 있다면 해결책을 가지고 있는가?

section 3

5: 무의식에 각인된 부와 돈에 대한 신념을 찾아라!

성공하기 위해서는 의식과 무의식 간의 진짜 차이를 이해할 필요가 있다. 의식적 마음은 우리가 온종일 능동적으로 심사숙고 하여 생각하는 마음이며, '나'라고 생각하는 '내면의 목소리'로 경험하는 것이라고 본다.

무의식적 마음은 보다 큰마음, 매 초마다 수백 만의 감각 정보 메시지를 처리할 수 있고 모든 지혜와 기억과 지능을 포함하고 있는 것으로 바로 창의성의 원천이다. 또한 우리가 살기 위해 사용하는 모든 자동적 행동의 모든 프로그램을 저장하고 운영하고 있어서 동시에 여러 가지 것을 할 수 있도록 하는 '두뇌 속 자동 조종 장치'와 같은 것이다.

우리가 일단 자동차 운전을 배워서 얼마 동안의 연습을 하고 나면 그 여러 가지 기술들이 습관화된다. 이제 자동차에 타서 운전대를 잡게 되면 운전법은 '두뇌 속 자동 조종 장치'속에 박혀서 전혀 의식하지 않고도 가고 싶은 곳을 결정할 수 있게 된다. 이것이 바로 무의식적 마음에 각인된 예시와 비슷하다.

태어날 때 우리의 마음은 깨끗한 백지이다. 7세 이전의 어린이는 자신의 판단과 추론에 신뢰할 수 있을 만큼 충분히 알고 있지 못하다. 비판력이 발달되어 있지 않다. 비판력은 질문을 하고 판단하고 분석하고 비판하고 비교하는 능력이다. 어린이들이 산타 할아버지가 크리스마스 선물을 가져다준다고 믿는 것은 비판력이 발달되지 않았기 때문이다.

세상과 자신에 관한 신념은 삶의 첫 몇 년 동안에 우리가 받는 지속적인 메시지에서 생긴다. 특히 정서적으로 강렬한 순간에 반복해서 들은 것은 우리에게 강력한 영향력을 미친다. 돈을 벌기 위해 열심히 일해야 한다고 믿고 있는 사람은 많은 노력이 필요한 직업을 갖게 될 것이다. 자신이 큰 부자가 될 자격이 있다고 믿는다면 자신의 마음은 그때 그것을 창출할 마음을 갖추게 될 것이다.

그렇다면 돈이 많다는 의미가 무엇인지에 관해서 긍정적이고 부정적인 의미들이 혼합되어 뒤범벅된 신념들이 우리들에게 유전된 것은 아닐까?

이러한 신념들이 우리 자신들이 가지는 돈의 양에 영향을 미칠 것이다. 예를 들면 다음의 말을 음미하며 읽어 볼 때 자신의 느낌이 어떤가? 돈에 관한 발상들은 모두 어디서 나오는 걸까?

> 나는 부자가 될 자격이 있다.
> 돈은 나에게 쉽게 온다.
> 돈은 필요하면 언제 어디서든 생긴다.
> 나는 부자가 될 수 있다.

이 문장들을 읽을 때 그저 '가을 하늘은 높고 푸르다' 와 같은 일상적인 말처럼 분명한 사실로 내게 다가오고 편안한 느낌이 든다면 우리 자신은 이미 상당히 부유하게 살고 있을 것이다.

그런 반면에 편안하지 않은 느낌이 들고 심지어 나 자신에게 전혀 해당되지 않는다고 생각한다면 부유한 생활에 대한 실제 장애물을 하나 밝혀낸 것이라고 할 수 있다.

어렸을 때 돈에 관해 어떤 말들을 들으면서 성장했는지 기억을 떠올려서 앞에 언급한 말들과 대조해 보라. 우리의 마음은 컴퓨터와 비슷하기에 우리 자신들이 가장 습관적으로 하는 생각과 단단히 박혀 있는 신념으로 그 프로그램들은 결정된다.

그러므로 어렸을 때부터 돈을 욕심내면 나쁘다거나 또는 돈을 많이 가질 만큼 능력이 충분하지 못하다는 말을 들어와서 여전히 가지고 있을지도 모르는 무의식적 발상들을 놓아버려야 한다.

무의식적 마음은 논리적이지도 않고 우리가 원하는 것이나 우리에게 최상의 것이 무엇인지에 관해 생각하지도 못한다. 자동적으로 프로그램 되어진 것은 무엇이나 그냥 해버린다. 실제로 우리의 마음은 우리가 무의식 속에 잡고 있는 프로그램에서 벗어나지 못한다. 돈에 관한 이러한 무의식적 프로그램이 사실로 판명되도록 필요한 거라면 무엇이든지 할 것이다. 이 책을 쓰는 목적이 바로 이 무의식 속의 제한적 신념들을 사람들에게 다시 재 프로그래밍하게 하도록 하는 것이다.

또 한 가지 짚고 넘어가야 할 것은 알게 모르게 마음 속 깊은 곳에 숨어 있는 돈 가진 사람들에 대한 분노를 풀어버려야 한다는 것이다.

이것 또한 돈을 벌고 부유하게 사는 방법의 가장 큰 장애물 중 하나이기 때문이다. 돈 많은 사람들을 싫어하는 사람들이 그들처럼 되는 것은 어려울 것이라는 것은 너무 단순한 진리이다. 일단 자신이 돈 많은 사람들에게 얼마나 분노를 느끼는지 인식하게 되면 그 분노가 부를 추구하려는 나를 얼마나 제지시키고 있었는지를 깨닫게 될 것이다.

돈 있는 사람들에 대한 자동적이고 무의식적인 반응을 재 프로그래밍하기 위해서 자신의 변화가 필요하다는 것을 알아야 한다. 그 사람들이 돈을 얻기 위해 했던 일이 마음에 들지 않는다 하더라도 괜한 분노로 손해를 보는 사람은 바로 나 자신임을 깨달아야 한다.

다른 사람들의 부에 관해 우리가 더욱 더 편안해질수록 자신의 부가 더욱 더 빨리 성장할 것이라고 보는 것이 생각을 부유하게 하는 관점임을 알아야 한다. 돈을 중심으로 한 어떤 부정적인 태도의 찌꺼기라도 방출시켜 버리고, 즉시 더 부유하게 생각과 행동을 하는 것이 우리를 더욱 더 편안하게 해줄 것이다.

때로 우리의 무의식은 온도계처럼 작동한다는 생각이 들 때가 있다. 우리의 무의식적 마음은 안전을 추구하기 때문에 얼마가 편안한 벌이인지에 대해 무의식적 상위한도를 설정하고, 온도가 올라가면 에어컨을 가동시켜 한 번 설정한 안전지대로 도로 떨어뜨려 버린다. 그런데 만약 우리의 무의식 세계 속에 있는 가상의 온도계가 낮게 설정되어 있다면 문제가 될 수 있다.

부자로 이미 설정되어 있다면 어떻게 할까? 이에 대한 문제 해결책은 단 한 가지, 무의식 속의 온도계를 지속적으로 변화시키기 위한 방법으로 온도계를 재 프로그래밍하는 것이다. 즉 부자가 되기 위해서는 부의 온도계를 먼저 프로그래밍해야 한다. "언제나 해왔던 것만 하고 있다면 얻은 것만 얻게 될 것이다." 라는 말은 우리의 무의식 속에 있는 자원을 다르게 설정하여 재 프로그래밍하면 다른 결과를 산출해 낼 수 있다는 의미이기도 하다.

사람들이 금전적으로 성공하지 못하고 부를 갖지 못하는 것은 무엇 때문인가?

보통은 자신이 금전적으로 성공할 가능성이 없다는 신념에 집중하고 있다는 것도 그 하나의 이유이다. 자신도 모르는 사이에 부와 성공을 갖지 못하게 하는 여러 장애물들을 창조해 내고 있는 것이다.

다양한 계층의 다양한 부류의 사람들을 코칭하면서 필자가 관찰했던 결과는 대부분의 사람들이 자신들이 원하는 것을 잘 알지 못하고 있었지만 원하지 않는 것은 확실하게 알고 있다는 것이다. 대부분이 긍정적 결과들을 명확히 알지도 못하고 말하지도 못했던 것으로 미루어 볼 때 자신들이 경험한 불행한 삶의 현실은 바로 그들 자신의 부정적인 마음가짐의 결과물인 것이다.

일반적으로 삶에 관해 마음에 들지 않는 것을 말하라는 부탁을 받으면 원치 않는 것과 제거하고 싶은 것에 관해 매우 상세하게 말한다. 이것은 부정적 마음과 연관된 매우 강한 감정을 가지고 있기 때문이고, 그들의 두뇌가 그에 따라 반응하는 것이다.

대부분의 사람들은 원치 않는 것에 대해 매우 몰두해 있고 싶어한다는 것을 생각도 해보지 않았을 것이다. 아마 우리 인간들은 환경에서 부정적인 조건들을 예리하게 확인할 수 있고, 그것들을 어떻게 해서든 피할 수 있음으로써 생존한다는 것으로 이론화될 수 있을 것이다.

설사 재정적 장애물 이면에 긍정적 의도가 있다 할지라도 많은 사람들은 그런 의도들이 무엇인지 인식하지 못하고 있다. 때로 그 긍정적 의도를 아는 사람들이 더러 있기는 했지만 장애물을 치우는 방법은 여전히 알지 못했다.

무의식적 수준에서 돈에 관해 제한 신념을 가지고 있다면 자신의 무의식적 마음이 성공하려는 노력을 방해하고 있는 것이므로 금전적 한계를 통과하기가 어렵게 된다. 의식적 수준에서 대부분의 사람들은 목적을 달성하기 위해서 할 수 있는 모든 것을 할 것이라고 생각한다.

그러나 여전히 무의식적 수준에서 성공을 달성할 수 있다고 믿지 않는 자신의 분아(Part, 즉 mini self)가 있을 수도 있다. 그런 무의식적 분아 때문에 매일의 생활 속에 장애물이 계속 나타날 것이며,

모르는 새에 마음은 그런 식으로 작용하게 된다.

예를 들어 부자가 되기 위해 그것과 관련된 많은 책을 읽고 세미나에 참석하기도 하고, 매일 긍정적인 자기 선언을 스스로에게 말하지만 여전히 재정적 문제를 가진 사람들이 있다. 그 사람들이 하는 이 모든 행위들은 가치가 있지만, 대개 그 사람들은 몇 가지 제한적인 신념 형태를 가진 문제의 핵심에는 다가가지 못하고 있다.

사람들은 돈과 성공에 관련된 여러 가지 신념들을 가지고 있다. 흔히 들려오는 몇 가지 신념들을 보면 "돈을 벌려면 돈이 필요한데 나는 그럴 돈이 충분히 없다.", "내 인생에서 너무 늦은 것 같아서 이제 무엇을 해야 할지 모르겠다.", "내가 투자하면 시장은 반드시 하락세야." 등이 있다.

이런 것들은 모두 인과관계 신념인데 부와 성공을 달성하는 것과는 실제로 별 관계가 없다.

실제로 부와 성공을 달성하는 열쇠는 자기 내부에 존재하는 데 자기 외부에서 답을 찾기 때문에 사람들을 제한하는 것이다. 부와 성공을 성취하려는 것은 소유하는 어떤 물건이 아니고, 마음의 상태일 뿐이다.

재정적으로 성공한 많은 사람들은 종종 부와 성공에 관해 긍정적인 신념을 가지고 있다. 사람들이 "가능한 것이 무엇일까?"에 대한 발상으로 움직일 때 완전히 다른 사고의 수준으로 움직이면서 정신적 틀을 확장시키고 있기 때문에 결국은 더 많은 보상을 얻는다.

많은 사람들은 가능한 것에 초점을 맞추지 않고 자신이 갖지 못한 것에 관해 생각하느라고 많은 시간을 보내고 있다. 그들은 상황에 대해 화를 내거나 원망을 하면서 제한과 장벽을 만들어내는 경우가 많다.

분노와 원망하는 마음 구조와 대비하여 평온한 마음 구조일 때 우리가 더 많은 것을 성취해 낼 수 있음은 두말 할 필요가 없다. 따라서 부와 성공을 달성하기 위해서 자신이 가진 문제의 본질로서 스스로를 탐색하는 것이 바로 첫 단계에 해야 할 일이다.

예를 들어 가난하게 살아서 좀 우울한 성향을 가진 부모들을 가진 사람이라면 자신의 부모가 했던 대로 언제나 경제적으로 고군분투해야 할 거라는 무의식적 신념을 발달시켜 버린 경향이 높다. 또는 부모들이 자식들에게 자꾸 반복해서 결코 성공하지 못할 것이라고 말하는 소리를 들어서 결국 그것을 믿기 시작해 버리는 경향이 많다.

어떤 의미에서 재정적 풍요를 소망하지만 자신의 삶에서 부가 실현되는 것을 보기 어렵다고 알게 될 것이다. 돈과 부에 관한 이러한 태도와 신념이 형성되었을 때로 돌아가 보는 것이 중요하다.

눈을 감고 심호흡을 하면서 몸을 편안히 릴랙스하고, 자신이 맨 처음 돈에 대해 가졌던 기억으로 돌아가본다. 아마 어린 시절 어떤 시점이었을 것이다.

우리 자신들의 부자 의식은 어떻게 생겨났는가? 부모가 돈이 충분치 않았다는 사실 때문에 다투는 소리를 들어본 적이 있는가? 부모들이 무책임해서 신용카드 빚을 잔뜩 졌던 것을 기억하는가? 아니면 언제나 집안이 유복하고 풍요가 넘쳤는가?

이 최초의 기억을 생각하려고 해본다. 어른이 된 지금, 돈 때문에 고군분투한다면 자신이 부자 의식을 어떻게 형성했는지 과거를 추적해 볼 수도 있을 것이다.

어린 시절에 형성된 돈을 중심으로 한 제한 신념들은 이러한 경험들을 하는 사이에 무의식적으로 형성되어 버리는 경우가 흔히 나타난다. 이러한 제한 신념 형태를 각인(Imprint)이라고 말한다. 각인이란 기본적으로 어린 나이에 형성된 기억이고, 어렸을 때 형성할 수 있는 제한신념(Limiting Beliefs)과 능력을 강화해 주는 신념(Empowering Beliefs) 둘 다의 뿌리 구실을 할 수 있다.

어린 나이에 우리가 발달시킬 수 있는 신념들은 반드시 건전한 것이 아니며, 잊고 있었던 마음의 상처가 되는 경험이나 혼란스러운 경험의 결과로서 만들어지기도 한다.

돈의 관점에서 의식적·무의식적으로 세상을 보는 방식은 일반적으로 그러한 신념들에 기초해 있는 경우가 많다. 그러므로 돈과 부에 관한 우리 자신들의 제한 신념을 확인하는 것이 중요한 첫 단계이다. 일단 그렇게 각인된 신념들을 확인했으면 그런 장애물을 통과하는 여러 가지 NLP테크닉을 활용하여 이러한 신념들을 변화시키는 작업을 경험해야 한다.

삶을 변화시키고 업그레이드하고 싶다면 오래되고 시대에 뒤처진 프로그램을 업그레이드 할 필요가 있다. 무의식적 마음에 '부'를 프로그래밍 하는 것은 우리의 창의적인 상상력을 적용하면 얼마든지 가능하다. 우리는 집중하고 있는 것을 더 많이 얻는다. 가난과 결핍에 집중한다면 인생에서 그러한 것을 더 많이 얻게 될 것이다. 이미 가지고 있는 부에 초점을 맞추어 집중한다면 마찬가지로 더 많이 가지게 될 수 있다.

우리가 원하는 것, 창출해내고 싶은 것에 계속 집중하기 위해서는 무의식적 마음을 다시 프로그래밍 하는 것이 매우 중요하다. 즉 자신을 부유하게 느끼고 부유한 사람으로 보기 시작할 때 재정적 풍요로움이 커가는 것을 보게 될 것이다. 우리 자신의 생각과 감정 속에서 먼저 부유해져 가면 점차 더 많은 자유를 경험할 수 있게 될 것이다.

제 4장
돈과 부의 성공을 위한 자아 탐색법

section 4

1 : 자신을 발견하고 분석하기

'자기를 발견하는 것'이 자신이 지니고 있는 것을 보는 경향이라면, '타인을 발견하는 것'은 타인이 지니고 있는 것에 주안점을 두고 보는 경향이다.

남에게만 관심을 갖고 자신에게 관심을 기울이지 않으면 타인에게 기를 빼앗겨 자기의 것을 잘 보지 못한다. 자신을 알 수가 없다는 것이다.

그러나 성공한 사람들은 모두 자신에게 관심을 갖고 자신을 철저하게 분석한다. 자신은 어떤 인간이고 어떤 능력과 재능이 있는 걸까? 그것은 어떤 환경 속에서 최고도로 발달되고 혹은 시들어버리는 걸까? 자신의 약점은 무엇일까? 자신을 발견하는 사람만이 자신을 지키고 키울 수 있다.

우리가 내면에 지니고 있는 중심 신념을 조사해 보기 위해 조용하고 편안한 곳에서 종이와 펜을 가지고 다음과 같은 연습을 해보자. 이 종이의 왼쪽에 우리가 존경하거나 찬양하는 사람의 이름을 적어 보자. 시간을 가지고 천천히 과거를 되짚어 보자. 우리가 알고 있는 가족과 친구, 역사 속의 인물, 책이나 영화 속의 가상 인물, 세계적인 지도자, 신화적 인물 등 누가 되어도 상관없다. 배우자와 많은 시간을 함께 보내고 자기 사고의 습관에 필수적이라면 배우자를 명단에 적을 수도 있고, 삶에 강한 영향을 끼친 상사를 적을 수도 있다. 인생을 어떻게 사는가의 관점에서 큰 영향을 미쳤던 사람은 누구나 될 수 있다.

이름을 적었으면 이름 옆의 오른쪽 공간에 그들과 관련되는 성격 특성을 적어보자. 그 사람은 총명함 또는 혁신, 또는 용기 또는 사랑의 좋은 본보기인가?

같은 특성을 가지고 있는 사람도 있을 것이다. 한 번 이상 반복된 특성이 무엇인지 살펴보고 밑줄을 긋는다. 예를 들어 성실성을 서너 번 목록에 올렸으면 각각에 밑줄을 그어 우리가 강조했던 것임을 인식한다.

여기에서 추출한 가치들은 바로 우리 자신의 것이며, 정렬되어야 하는 가치들이다. 우리가 이렇게 해보고 생활 속에 반영시킬 때, 우리는 스스로가 중요하게 지니고 있는 이러한 가치들의 모양 그대로인가? 우리가 지니고 있는 것에 우리의 삶이 조화되고 있는가? 즉 우리는 우리가 존경하는 사람이 되고 있는가?

다음에는 정말로 우리에게 사건의 계기를 만들거나 화나게 하는 사람들의 명단을 만들어본다. 그리고 그 사람들이 가진 성질들을 옆에 적어본다. 이렇게 해보는 것은 우리 자신들의 어두운 부분을 확인하는 데에 도움이 될 수 있으며, 우리의 제한적 신념이 발생하는 곳이 될 것이다. 이것이 바로 자신을 알게 되는 한 부분이 될 것이다.

이러한 몇 가지 부정적 성질들은 확인하기도 어렵고 언급하기도 어려울 수 있다. 중요한 것은 '나는 누구인가'를 아는 확고한 중심에서 제한 신념을 찾아내고, 그러한 자각의 자리에 존재해 있다는 것을 알게 되는 것이다. 우리가 그러한 제한 신념을 찾아낼 수 있을 때 비로소 그 제한 신념들을 변화시킬 수 있다.

나 자신과 내가 누구인가라는 의식을 가지고 그러한 자리에 간다면 변화를 훨씬 더 편안하고 쉽게 해주며, 좋은 상태를 유지할 수 있다. 자신을 알게 되는 것은 중요하다. 왜냐하면 원하는 것을 얻지 못하게 막는 것이 무엇인지 확인하고 아울러 우리에게 힘을 부여해 주는 자질을 확인할 수 있기 때문이다.

필자 또한 NLP 메타 프로그램을 이용한 JOB EQ 검사와, MBTI 성격 유형 검사를 비롯하여 여러 가지 부류의 방법들과 동양학적인 관점에서 개인의 성격과 운명을 판단한다는 방법들을 모두 동원하여 자아 탐색 내지 자아 발견을 시도해왔다. 나 자신을 아는 것이 중요하며, 이미 나 자신을 알고 있다고 생각했었다.

요즘들어 더욱더 나 자신을 안다는 것은 대단한 일이며, 자신이 누구인지에 대해 보다 심층구조를 알고, 제한시키는 것과 능력을 강화해 주는 것을 안다는 것은 원하는 모든 것을 가질 수 있는 열쇠임을 확신하게 된다.

  만약 우리를 제한시키는 것과 가로막고 있는 것을 알 수 있다면 그때 우리는 그것을 변화시킬 수 있다. 또한 능력을 강화시켜 줄 수 있는 것이 무엇인지, 자원이 무엇인지, 가치관과 강점이 무엇인지를 알 수 있다면 최상의 사람이 되기 위해서 그러한 것들을 끌어당길 수 있다.

신념의 '힘'

우리의 삶을 대단히 많이 움직이고 있는 무의식적 신념들을 탐색해보자. 대부분의 신념들은 무의식적인 것들이며, 비유적으로 자신의 단단한 보호막을 들어 올려 확인하고 제거해 버리게 되면 변화시킬 수 있는 것이다.

신념은 변화를 하게 하는 기초적인 수준의 하나이다. 신념은 우리 마음 속 깊숙이 잠재해 있는 '심층구조(deep structure)'의 핵심 구성요소이면서 또한 우리의 의식적인 '표층구조(surface structure)'를 다양하게 형성한다.

그래서 우리는 은연 중에 지니고 있는 신념의 영향을 받아 삶의 사건의 의미를 해석하고 결정한다. 신념은 능력이나 행동을 지원하거나 억제하는 식으로 강화(reinforcement)해 주기도 하며 우리의 언어와 행동으로 나타난다. 이 신념과 가치는 "왜?"라는 질문과 관련이 있다.

 신념은 우리가 인지하는 주변의 사물과 사건 사이의 관계를 일반화시킨 것이다. 우리 주변, 행동, 능력에 내재하는 이유와 의미와 한계에 대한 일반화인 것이다. 일, 활동, 생각이 개인이나 단체의 신념이나 가치체계에 부합하는지 또는 상충하는지에 따라 신념이나 가치가 어떻게 받아들여지고, 통합될 것인가가 결정된다. 이렇게 큰 영향력을 행사하는 신념은 우리의 인식 외부에 존재하는 경우가 많아서 논리적인 생각이나 이성적 사고로는 바꾸기 어렵다.

 심리치료를 받는 환자에 대한 오래된 이야기가 있다. 환자는 자신이 시체와 다름없다며 스스로를 돌보지도 먹지도 않았다. 심리학자는 환자에게 시체가 아니라는 사실을 일깨우기 위해 많은 노력을 쏟았다. 마침내 심리학자는 환자에게 시체가 피를 흘리느냐고 물었다. 환자는 "물론 시체는 피를 흘리지 않죠. 모든 신체의 기능이 정지했으니까요."라고 대답했다.

 그 다음 심리학자는 어떤 실험을 해보자고 환자를 설득했다. 자신이 환자를 조심스럽게 찔렀을 때 환자가 피를 흘리는지 관찰해 보는 실험이었다. 환자는 이에 동의했다. 왜냐하면 스스로를 시체라고 생각했기 때문이다. 심리학자는 바늘로 부드럽게 환자의 피부를 찔렀다. 그러자 당연히 피가 나오기 시작했다. 놀라움과 충격을 받은 얼굴로 환자는 "젠장… 시체도 피를 흘리는구나!"라고 외쳤다고 한다.

 신념은 우리 행동의 매우 강력한 원천이다. 만약 무엇인가를 할 수 있다고 진정으로 믿는 사람은 실제로 그것을 할 수 있고, 어떤 노력으

로도 불가능하다고 생각한다면 실제로 그것을 이룰 수 없다는 사실은 우리 모두 알고 있는 지혜이기도 하다.

불행한 사실은 암이나 심장병을 앓고 있는 환자들이 위의 이야기 속에 나타난 것과 동일한 신념을 의사나 친구, 가족들에게 보여준다는 것이다.

"이제는 너무 늦었어", "이제 내가 할 수 있는 일은 없어", "나는 희생자야… 이제 곧 내 차례가 되겠지"라는 신념은 환자의 자원을 제한해 버린다. 자신에 대한 신념과 가능한 일에 대한 신념은 우리의 일상생활에 영향을 준다. 우리 모두는 자원의 역할을 하는 신념과 함께 우리를 제한하는 신념을 가지고 있다.

신념의 힘은 평균적 지능을 지닌 아이들을 무작위로 똑같은 두 개의 그룹으로 나누어 진행한 실험에서도 잘 나타났다. 이 실험에서 한 그룹의 아이들은 선생님으로부터 "타고난" 능력을 지녔다는 칭찬을 들었고, 다른 그룹의 아이들은 "배우는 속도가 느리다"는 핀잔을 들었다.

1년 후 두 그룹의 아이들을 대상으로 지능 검사를 다시 실시했다. 그 결과 "타고난" 능력을 가지고 있다는 이야기를 들은 아이들 집단은 이전의 지능검사 때보다 높은 점수를 받았다.

반면 "배우는 속도가 느리다"고 핀잔을 들은 학생들은 이전보다 낮은 점수를 기록했다. 이것은 아이들에 대한 선생님의 신념이 아이들의 학습 능력에 영향을 준 예시이다.

또 다른 실험에서는 "암을 이겨낸" 100명의 사람(10년 동안 암을 제거한 환자들)을 대상으로 암을 이기기 위해서 무슨 방법을 사용하였는지에 관한 인터뷰를 하였다.

인터뷰 결과 어떤 하나의 방법이 다른 방법보다 효과를 발휘한다고 말할 수 없다는 사실이 밝혀졌다. 화학요법이라는 전형적인 암 치료 방법에서부터, 식이요법, 정신요법, 심리요법에 이르기까지 다양한 방법이 사용되었다. 심지어 아무런 치료를 받지 않은 환자도 있었다. 유일하게 이 그룹 전체의 공통적인 특징이라고 할 수 있었던 것은 자신이 사용한 방법이 효과를 발휘할 것이라고 믿음을 지니고 있었다는 점이다.

우리를 제한하고 우리에게 힘을 주는 신념의 또 다른 예는 "4분/마일(four minute mile)"이다. 1954년 5월 6일 이전에는 1마일을 달릴 수 있는 인간의 속도는 4분으로, 이는 깨질 수 없는 기록이라고 생각했었다. 의사로서 자신의 신념을 테스트한 로저 배니스터(Roger Bannister)가 이 기록을 깬 역사적인 날 이전의 9년 동안에는 어떤 선수도 이 기록에 근접하지 못했었다. 그러나 배니스터가 쾌거를 이룬지 약 6주 만에 오스트레일리아 육상선수 존 룬디(John Lundy)가 4분의 기록에서 몇 초를 앞당겼다. 그 후 9년 동안 한때 마의 벽으로 통했던 4분의 기록을 무려 200여 명의 선수가 돌파했다. 이러한 예들은 우리의 신념이 우리의 지식, 건강, 인간관계, 창의성, 심지어 행복의 정도나 성공에까지 영향을 미치고, 이들을 결정짓는 것임을 분명히 보여준다.

예를 들어 기적적으로 완치되었다고 하는 의학적 사례도 실은 완치하고 싶다는 소망, 완치한다는 신념, 완치하기 위한 적극적인 마음가짐과 행동이 그 사람의 치료 가능성을 높여준 것이다.

성격과 행동은 변화될 수 없다고 하는 신념을 가지면 변화하는 일은 불가능할 것이고, 성격과 행동은 변화될 수 있는 것이라는 신념을 가진 사람이라면 변화의 시도가 가능할 것이다.

우리가 가진 신념은 부지불식간에 아무런 선택의 여지도 갖지 못한 채 어렸을 때 부모, 선생님, 사회, 대중매체에 의해 형성된 경우가 많다.

우리의 신념이 인생에서 매우 강력한 힘을 갖고 있다면 신념이 우리를 통제하지 않고, 우리가 신념을 통제하도록 만들기 위해서 할 수 있는 일은 무엇일까?

우리를 제한하는 신념을 재편성하고 변화시키고, 현재 상상하는 것 이상으로 우리의 잠재력을 확장시킬 수 있는 새로운 신념을 각인시키는 일이 가능할까? 만약 그렇다면 여기서 해야 할 일은 무엇인가?

section 4

돈과 부에 관한 신념

우리는 이제 신념에 대한 부분으로 관심을 돌려 돈과 부를 중심으로 우리가 가지고 있는 신념을 확인하고 스스로 부를 창조해 내는 데에 주의를 집중해 보자.

먼저 이유에 관한 신념을 이야기 해보자. 우리는 종종 "이것은 ○○이기 때문에 사실이야."라고 혼잣말을 하거나 설명을 하려고 한다. '왜?'라고 질문을 함으로써 우리는 신념을 찾아낼 수 있다.

이것은 무엇인가에 대한 누군가의 신념을 확인해 줄 것이다. 신념들은 A라는 이유가 B를 일으킨다는 것에 관한 것이 될 수도 있다. 그래서 만약 누군가가 "저는 결코 제 돈을 갖고 있지 못해요." 라고 말한다면 "그건 왜 그렇죠?" 라는 질문을 받을 것이다. 그러면 그 사람은 "저… 저는 가난한 집 출신이기 때문입니다. 우리 집에는 돈 많은 사람이 아무도 없어요."라고 대답할지도 모른다. 그 사람이 돈을 갖기 시작한다면 그것은 그와 어울리지 않는 일이다. 그가 돈을 갖지 못하는 이유는 협조적이지 않았던 가족 체제 내에서 돈을 갖는 방법을 정말로 전혀 배운 적이 없었기 때문이다. 이것이 이유에 관한 신념의 예시이다.

우리는 의미에 관한 신념도 가지고 있다. A라는 것에 관한 의미는 B를 의미한다는 뜻이다. 그것이 의미하는 것은 무엇일까? 우리가 열심히 일하지 않는다는 것은 무엇을 의미하는가? 게으르다는 뜻인가, 아니면 충분히 영리하다는 뜻인가?

가능성에 관한 신념에는 두 가지 관점이 있는데, "결과가 가능할까?"라고 질문함으로써 분석될 수 있다. 결과가 불가능하다면 그것이 일어나도록 하는 데 필요한 것을 하지 않을 것이다. 가능하다는 신념으로 인간은 많은 것을 해낸 것이다. 심지어 어렸을 때 동화 속 이야기로만 상상했던 달나라를 실제로 갔다 오지 않았는가?

또 다른 한 예로 언젠가 읽은 적이 있는 기사가 떠오른다. 한 러시아의 올림픽 역도 선수는 자신이 일정한 무게 이상을 들어올릴 수 없다고 믿었다고 한다. 그의 트레이너들은 그에게 더 많은 무게를 놓았지만 더 적은 무게라고 말해주었고, 그는 그것을 번쩍 들어올렸다. 이 에피소드가 우리에게 말해주는 요점은 일단 결과가 가능해진다면 반복해서 다시 일어나기 시작한다는 것이다.

우리는 신념이라는 상자 안에 더 이상 우리를 가두어 두지 말고, 상자 밖으로 나와서 스스로 새로운 가능성의 세계를 바라보아야 할 것이다.

이러한 몇 가지 예들을 볼 때 사람들은 결과가 어떻게 일어나게 될지를 알지는 못하더라도, 일어나도록 할 수도 있다.

우리가 정렬을 하고 자신의 신념들이 적절한 의도와 목표를 명확히 세워서 꿈과 비전으로 얽어맨다. 그리고 우리는 비전을 향해 자동적으로 끌어당기는 사람이 되기 시작할 것이다. 외부 현실은 우리가 내적으로 무엇을 경험하든지 간에 내적 현실의 반영이며, 그 반대도 또한 같다. 거기가 바로 마법이 일어나기 시작하는 곳이다.

결과가 가능하지 않다고 믿고 있다면 우리는 희망을 잃은 느낌을 갖는다. 희망이 없다면 그때 사람들은 원하는 것을 얻기 위해 아무것도 하지 않으려 한다.

"나에게 그런 일이 가능할까? 아마 세상에 그런 일이 가능할 수도 있을 것이다. 그리고 다른 누군가는 그 일을 해낼 수 있을 것이다. 하지만 나는 해내지 못할 거야. 그건 내게는 맞지 않아. 난 할 줄 몰라. 이 일은 내가 할 수 없는 거야. 난 쓸모가 없어. 속수무책으로 도리가 없는 인간이야."라고 혼잣말을 한 적이 있는가? 만약 있다면 그 시기를 생각해 보라.

얼마 전 한 외과 의사를 개인 코칭한 적이 있다. 그는 우연한 사고로 다쳐서 심하지는 않았지만 손의 인대가 늘어나서 오랫동안 치료를 받고 있던 상태였다. 그런 탓에 외과의사로서의 직업에 관한 걱정으로 불면증까지 호소할 정도였다. 그는 절망적인 태도로 얼굴을 찡그리고 말했다. "잘 아시겠지만 나이가 드니까 치료를 받아도 빨리 낫지를 않아요."라고. 그는 50대를 넘긴 나이가 되자 자신을 늙은 사람들의 범주로 분류하고 어쩔 수 없이 점차 속수무책의 노인네가 되어 가는 과정에 있다고 간주했다.

　필자는 그와 몇 가지의 변화 과정을 시도했고, 그는 신념을 바꾸었다. 우리는 TV에서 5,60대 배우들의 전성기를 바라보며 그들의 활발한 삶의 방식과 활동의 근원은 어디서 나왔는지 토크쇼 자료 화면들을 보고 토론하고, 시대와 사회적 변화에 따른 우리들 삶의 변화에 대해 토론해 보기도 했다. 2주쯤 지나서 그의 손은 정상으로 돌아왔고 그가 다시 "나는 할 수 있다"를 말하면서 미소를 지었을 때는 완전히 치유되었음을 확신할 수 있었다. 이것은 자신이 지니고 있는 신념이 어떻게 자신을 방해하고 있었는지를 잘 보여주는 예시이다.

　우리가 종종 부딪히게 되는 제한 신념들은 자신의 역량이 부족하여 어쩔 수 없으며, 희망이 전혀 보이지 않고 가망이 없다는 것이다. 그 생각들은 "나는 어쩔 수 없는 무능한 인간일 것이며, 아마 가능성이 있다 해도 나는 그걸 해내지 못할 거다." 이다.

　세 번째로 '나는 누구인가' 라는 정체성 문제와 관계가 있는 신념에 대해 살펴보자.

　필자는 이 책을 쓰면서 어릴 때부터 받아온 가정교육에 대해 생각해 보았다. 부모님은 자식들에게 무한한 신뢰를 보내 주셨고, 아무것도 강요하지 않았다. "네 인생이니 알아서들 잘 해라. 남보다 앞서지 않아도 좋다." 라고 말씀하셨다. 무엇이든 건강하게 자율적으로 생활하는 것을 최우선으로 했기에 어려서부터 그저 집에서 각자의 존재로서 인정을 받았고 존재감을 갖고 살았던 것 같다.

사춘기 때 꽤나 감수성이 예민해서 신경질이 많았던 필자의 성격에도 비난 한 마디 하신 적이 없이 부모님은 항상 당시의 드라마에 나오는 신경질적인 딸 역할을 보면 "우리 집 큰 딸과 비슷하네. 저런 애들이 철들면 돈 잘 벌고 더 잘 산단다." 하시고는 웃으셨다. 그리고 각 형제마다 각각의 별칭을 붙여서 어찌어찌하니까 잘 살 것이라는 자아충족적 기대를 불어넣어 주셨다.

그런데 필자가 대학을 졸업할 무렵, 갑작스런 부친의 타계 때문에 한때 가정이 어려워지기도 했지만, 어렸을 때부터 가져온 잘 살 거라는 기대감과 아울러 존재의 가치감, 스스로 할 만한 능력이 있다는 자신감, 부모님이 주신 신뢰감이 바로 '나'라는 정체성이 되어 더욱 열심히 살았고 자신의 미래를 다져나가는 밑거름이 되어 형제들이 그런대로 모나지 않게 자신들의 역할을 잘해 나가고 있는 듯하다.

그러므로 필자는 돈을 잘 벌 수 있을 것이라는 신념과 함께 자랐고 그것이 곧 정체성의 한 부분이 된 것이라고 생각한다. 노력하면 돈 벌고 잘 살 수 있다고…. 어쨌든 그런 신념을 갖고 자란 것이다.

간혹 개인 코칭을 할 때 사람들이 많이 궁금해 하는 것 중 하나는 "자신은 언제쯤 성공해서 돈을 많이 벌 수 있겠는가?"이다.

이러한 질문들에서 나타나는 신념은 자신의 가치와 관계가 있다. 이 신념은 자신이 "그럴 만큼 충분히 잘 나지 않았거나 돈을 많이 벌 만한 가치가 없다는 것과 같은 신념과 일맥상통한다. 돈은 자아 가치와 연결되어 있다. 우리가 긍정적 자아 가치감을 가지고 있다면 원하는 것을 끌어당길 수 있는 가능성이 더 많으며, 그렇지 않으면 재정적 성공을 끌어들이기 어렵다.

우리 모두는 자신이 자격이 있다든가 없다든가 하는 신념도 가지고 있다. 어떤 면에서 그것은 가치에 관한 것으로 의식적으로는 '나는 그것을 할 자격이 있다'는 것이지만 다른 어딘가에 숨겨진 '아니야, 난 그렇지 않아' 라고 말하는 절망적이고 무력하며 쓸모없다는 신념은 원하는 것을 얻지 못하게 할 내적 파괴자로서 작용할 수 있다.

필자가 아는 한 지인 중의 한 사람은 몇 년 전 소유한 땅에 대한 개발 보상비를 받게 되어 큰돈을 가진 부자가 되자, 부끄럽고 당황스럽다며 사람들이 그에 대해 "네가 누구라고 생각하냐? 너는 그런 큰돈을 누릴 자격이 없어." 라고 말할까봐 두렵다고 토로했다.

2년 쯤 후에 그는 주식 투자에 실패하여 돈이 완전히 줄어들게 되자 다시 찾아와서 이제 재산이 적어져서 사람들이 그에 대해 "너는 원래 그런 인간이야. 뭐 그저 시시한 그런 사람이었잖아." 라고 말할까봐 걱정했다. 판단을 두려워하는 것도 역시 돈에 관한 신념을 결정하는 중요 요소이다.

돈은 사적인 문제라는 신념이 있다. 자신의 아픈 가족사와 돈에 대한 쓰라린 경험에 관해 이야기하는 사람은 있지만 자신이 얼마를 버는지에 관해서는 이야기하지 않는다. 그것은 사적인 비밀이기 때문이다. 자신이 얼마를 번다고 누군가에게 이야기 한다면 사람들이 그 돈으로 자신을 판단하게 될 거라고 걱정하기 때문이다.

section 4

돈과 부에 대한 신념 점검

이 점검표의 각 문항에 대해서 조용히 생각할 시간을 갖고 진지하게 다음 질문에 응답해 보라. 두 가지 방법이 있는데 한 가지 방법은 자신에게 맞는 느낌이 드는 항목 옆에 체크를 하는 것이다.

또 한 가지 방법은 각 문항을 0~5까지의 척도로 전혀 그렇지 않은 것은 0, 보통은 3, 매우 그렇다는 5로 측정하는 식이다.

*돈은…

- 악의 근원이다.
- 내가 아닌 다른 사람을 위한 것이다.
- 행복과 관련이 없다.
- 착한 행동에 대한 보상이다.

- 생활필수품을 사기 위한 지급수단이다.
- 중요한 사람이 되기 위해서 벌어야 하는 것이다.
- 소비하면 죄책감이 드는 것이다.
- 사람의 가치를 측정하는 수단이다.
- 타인을 감동시키는 방법이다.
- 자신의 가치를 느낄 수 있는 척도이다.
- 매우 개인적이고 사적인 것이다.
- 행동을 하게 되는 좋은 동기이다.
- 받게 될 돈을 위해서만 어떤 일을 하는 것은 좋은 일이다.
- 내가 필요로 할 때 항상 존재한다.
- 사회적 지위를 가늠하는 척도이다.
- 내가 함께 나누고 증여하는 것이다.
- 중요하지 않다.
- 쉽게 얻을 수 있다.
- 부족하다.
- 돈은 나에게 우월감을 느끼게 해준다.
- 나는 돈만을 위해서 일을 하지 않을 것이다.
- 타인에게 나를 증명하는 수단이다.(타인에 대한 분류를 체크하라)
    - ☐ 여자친구/남자친구
    - ☐ 배우자
    - ☐ 친구
    - ☐ 오래된 학교 친구

☐ 부모님

☐ 타인

- 정치적 억압을 위한 자본주의의 도구이다.
- 자유를 얻기 위한 수단이다.
- 안전을 확보하기 위한 수단이다.
- 권력을 얻기 위한 수단이다.
- 얻기 어려운 것이다.
- 계속해서 보유하기 힘들다.
- 돈이 들어오기만 하면 쓸 곳이 생겨 돈이 모일 틈이 없다.
- 관리하기 힘들다.
- 목적을 위한 수단이다.
- 그 자체가 목적이다.
- 이야기하기 좋은 주제가 아니다.
- 교환의 수단일 뿐이다.
- 생각하고 싶지 않은 것이다.
- 더 있었으면 하고 바라는 것이다.
- 모든 문제에 대한 해결책이다.
- 행복을 사지는 못한다.
- 소유하면 죄책감이 느껴지는 것이다.
- 얻기 위해 노력해야 하는 것이며, 없이 살 수도 있는 것이다.
- 미래에 대한 보험이다.
- 대단한 것이다.

- 사랑을 사기 위한 수단이다.
- 내가 가질 자격이 없는 것이다.

이 점검표를 읽고 자신에게 물어본다. 부모님과 돈과의 관계를 어떻게 설명할 것인가? 사실 모를 수도 있지만 어렸을 때 우리가 관찰했던 것이나 생각했던 것은 무엇인가? 혹시 우리가 어렸을 때 부모님과 함께 시장에 따라갔던 기억이 있을지도 모른다. 그리고 아버지가 "저것으로 삽시다." 라고 했지만 엄마는 "그것은 너무 비싸요."라고 말하는 소리를 들었을 것이다.

그러한 여러 기억들을 떠올리면 부모님의 돈에 대한 신념들이 생각나게 되고 그 격차를 떠올리게 될 수도 있다.

우리는 여기서 이 점검표를 통해 우리 자신과의 대화를 하면서 잊었던 어린 시절의 무의식으로까지 내려가서 우리의 무의식적 마음의 심층구조에 있는 것들을 끄집어내기 시작할 것이다. 이것은 단지 탐색이며, 신념과 제한 신념을 발견하는 시작이다. 그래서 우리는 그것들을 변화시킬 수 있는 것이다.

자, 그 작업을 위해 다음에는 문장 완성하기를 해보자.

(줄리아 카메론(Julia Cameron)의 「An Artist's Way」中에서)

┃ 다음의 문장을 완성하시오. (각 문장의 빈칸 채우기를 여러 번 반복한 다음 우리 자신의 대답이 어떻게 변하는지 살펴보자.)

1. 돈을 가진 사람은

   _____

2. 돈은 사람을

   _____

3. _____ 했더라면 나는 돈을 더 많이 벌었을 것이다.

4. 나의 아버지는 돈이 _____ 라고 생각하셨다.

5. 나의 어머니는 돈이 _____ 라고 생각하셨다.

6. 우리 가족에게 돈은 _____ .

7. 돈은 _____ 와 같다.

8. 나에게 돈이 있었다면 나는 _____ 했을 것이다.

9. 내가 그것을 살 여유가 있다면 나는 _____ .

10. 돈은 _____ 이 아니다.

11. 돈이 있었다면 나는 _____ 했을까봐 두렵다.

12. 돈은 _____ 이다.

13. 돈은 _____ 을 일으킨다.

14. 돈을 갖고 있다는 것은 _____ 이 아니다.

15. 돈을 벌기 위해서 나는 _____ 해야 할 것이다.

16. 돈이 있을 때 나는 주로 _____ 한다.

17. 나는 돈이 _____ 라고 생각한다.

18. 돈이 많았다면 나는 _____ 했을 것이다.

19. 사람들은 돈이 _____ 라고 생각한다.

20. "파산"에 대해서 나는 _____ 라고 생각한다.

21. 사람들은 _____ 때문에 가난하다.

22. 사람들은 _____ 해서 부자가 된다.

23. 가난한 사람들은 _____ 이다.

24. 부자는 _____ 이다.

25. 어렸을 때 나는 부유한 아이들과 가난한 아이들을 구분할 수 있었다. 나는 _____ 한 아이였다. 이로 인해 나는 돈에 대해서 다음과 같은 생각을 갖게 되었다. _____

_____

빈 칸을 채울 때 약간 깊은 감동을 받을 것이다. 2006년 샌프란시스코에서 부자마음 갖기 프로그램의 트레이너 훈련을 받기 전에 일반인들과 이틀간 이 연수를 먼저 경험했었는데 감정이 풍부하고 표현을 잘 하는 서양 사람들은 눈물을 흘리며 어린 시절 이야기를 하며, 수년 동안 생각해 보지 않았을 자신의 어린 자아들을 만난 것에 무척 감격스러워 했다.

이것이 바로 이 과정을 행하는 데에서 오는 진실한 발견, 즉 자아의 발견인 것이다. 2006년에 모인 약 150여 명의 사람들에게서 추출해낸 제한 신념들의 예는 다음과 같다.

section 4

5. 제한 신념의 예시들

- "나는 돈을 가질 자격이 없다. 왜냐하면 나는 못난 사람이기 때문이다."
- "나는 돈을 쉽게 벌 수 있는 비법을 가지고 있지 않다."
- "돈은 벌기 힘들다."
- "나는 원하는 것을 가질 만한 자격이 없다."
- "돈이 많다면 나는 외로울 것이다."
- "돈은 악이기 때문에 나는 원하지 않는다."
- "나는 돈을 가질 자격이 없다. 왜냐하면 나는 그럴 만큼 좋은 사람이 아니기 때문이다."
- "다른 사람이 원하는 것을 내가 원하는 것보다 우선시해야 한다. 그렇지 않으면 이기적인 사람이기 때문이다."
- "돈은 고통을 수반하기 때문에 멀리해야 한다."

- "행복한 삶을 살아가는 데 돈은 중요치 않다."
- "돈을 많이 갖는다는 것은 자유를 희생해야 한다는 것을 의미한다."
- "나는 가치 없는 존재이기 때문에 원하는 것을 가질 수 없다."
- "나는 무능해서 돈을 관리할 수 없다."
- "돈을 많이 번다면, 나는 곧 흥청망청 써서 결국 돈을 다 잃을 것이다."
- "나는 절대로 내가 원하는 것을 얻을 수 없다."
- "나는 성공할 자격이 없다."
- "우리는 노동자 계층이기 때문에 돈을 가져서는 안 된다."
- "돈으로 행복을 살 수 없다. 따라서 돈 버는 일 대신 다른 일을 해야 한다."
- "나는 나와 다른 사람과는 같이 일을 할 수 없다."
- "내가 돈을 많이 벌면 나와 같은 부류의 사람들이 실망할 것이다."
- "돈이 얼마나 많든지 간에 행복한 인생은 돈으로 살 수 없다."
- "성공은 가족의 분열을 가져올 것이다."
- "돈은 관리하기 힘들다."
- "여자이기 때문에 나는 내가 원하는 것을 가질 자격이 없다."
- "그들이 요구하는 사람이 되지 않는다면 그 사람들은 더 이상 나를 필요로 하지 않을 것이다."
- "나는 돈을 버는 법을 모른다. 왜냐하면 돈을 벌기 위해서 필요

한 자원을 가지고 있지 않기 때문이다."
- "돈을 가지려면 완벽해야 한다."
- "나는 내 자신이 될 수 없다. 왜냐하면 다른 사람이 있는 그대로의 나를 받아들이지 않기 때문이다."
- "큰 돈은 다른 사람을 위한 것이다. 나는 그런 돈을 가질 만한 부류가 아니다."
- "돈을 버는 것은 힘든 일이다."
- "기본적인 욕구를 무시하는 것은 옳지 않다."
- "나는 결코 부자가 될 수 없다. 왜냐하면 원래 부자가 될 수 없는 사람이기 때문이다."
- "돈을 가지고 있으면 영적인 생활에 방해가 된다."
- "인생은 고통이다. 앞줄에 서는 것은 불가능하다."

section 4

제한 신념과 그 전제

앞에서 우리는 신념을 확인하는 과정을 거쳤다. 이제는 우리의 신념들을 표현해 보자.

우리는 인과관계에 대한 신념이 있다는 것에 주목했었다. "돈이 우리를 행복하게 만든다.", "행복해지려면 돈이 더 많이 필요하다."라고 말하는 식이 될 것이다. 의미에 대한 신념도 있었다. "돈은 행복과 동등하다."

가능성에 관한 신념을 말한다면, "돈이 없이는 행복할 수 없을 거다. 정말 내가 여태껏 돈을 가질 수 있는 방법이 없다." 등이다. 정체성에 관한 돈 관련 신념들 중 일반적인 것들은 "나는 돈을 가질 만한 자격이 없다거나 나는 잘나지 못했다거나 가치가 없다."는 식이다.

여기에서 우리는 제한 신념에 관해 이야기하고 있을 뿐이지만 힘을 강화해주는 신념들도 많다. 우리는 제한 신념들에 매달려서 변화하

141

려고 하지 않는다. 잠시 이전에 확인했던 우리가 지니고 있는 제한 신념들을 골라서 변화시키고 싶은 서열을 정해보자. 그러한 예시들에서 핵심 신념은 무엇인가? 그리고 그러한 신념들은 체제 속에서 존재하며 별도로 하나씩 지니고 있는 신념이 아님을 알게 될 것이다. 우리는 중심적 신념을 떠받치고 있는 커다란 신념 송이를 가지고 있는 것이다.

이제 신념 확인 과정을 경험해보자. 질문과 대답 형태로 진행되며, 혼자서 또는 파트너와 함께 할 수도 있다. 예를 들면 "내가 돈이 많다면 거절을 당할 것이다." 라는 신념을 검토해 보자. 그렇게 말한 것 중 무엇이 사실인지 자신에게 물어본다.

그 전제는 무엇인가? 돈이 거절을 야기한다는 원인·결과 신념을 말한 사실은 무엇 때문이며, 무슨 가정 하에서였는가? 돈이 있는 사람들은 나쁜 사람들이라는 사실 때문인가? 다시 한 번 자문해 본다.

돈 있는 사람은 나쁜 사람이라고 하는 것은 무엇이 사실인가? 그 말의 전제는 무엇인가? 이 말의 기초에 깔려있는 신념은 "돈 있는 사람은 돈을 가지고 부정한 방법으로 나쁜 짓을 할 가능성이 있다."고 할 수 있다. 그러면 다시 이 설명이 정당화되려면 무엇이 사실인지, 그 전제가 무엇인지를 물어보아야 한다. "내가 권력이 있는 사람이라면 나쁜 방법으로 권력을 사용할지도 모른다."고 할 수 있을 것이다.

또 다른 예들을 더 들어보자. '돈이 인간관계를 결정한다." 는 신념에 대해서 전제는 무엇인가? "돈이 더 많다면 더 행복해질 것이다." 는 진술에 대한 전제는 무엇인가? 이 말에서 돈은 행복과 동일하다.

돈이 없다면 그때는 어떠할까? 돈이 없다면 행복해질 수 없지만 돈이 있다면 관계를 위해 돈을 활용할 수 있다는 의미를 담고 있다.

이 교환은 충돌하는 신념의 순환적 고리를 드러낸다. 돈이 없다면 행복하지 못할 것이지만, 돈이 있다면 인간관계를 순수하지 않거나 긍정적이지 않은 방법으로 돈을 사용할지도 모른다.

어떻든 인간관계는 진실하지 않을 수 있지만, 관계를 돈으로 사는 사람이라고 느낄 것이다. 이것이 우리가 해도 욕먹고 안 해도 욕먹는 상황으로 양쪽 다를 잃게 되는 것이다. 이러한 것을 이중구속(Double bind)이라고 한다.

이중구속이라는 것은 보다 심층 수준의 신념 충돌이 표면화된 상태이다. 구체적으로는 행동을 하든지 안하든지 아무 것도 아닌 것이 되는 상태를 의미한다.

예를 들면 아내로부터 "당신은 왜 좀 더 스스로 애정 표현을 해주지 않아요? 가끔은 장미꽃이라도 사주면 좋을 텐데…" 라는 말을 들었다고 하자. 이 경우 남편은 아무 것도 할 수 없는 상황인 이중 구속에 빠지게 된다. 만약 아내에게 장미꽃을 사준다고 해도 아내를 만족시킬 수 없다. 왜냐하면 그 아이디어를 제안한 것은 아내 자신이며, 그렇다고 해서 그대로 아무 것도 하지 않으면 남편은 부인에게서 더욱 심하게 거절당해 버리게 될 것이기 때문이다.

스탠리 큐브릭 감독의 영화 중 베트남 전쟁을 배경으로 한 '풀 메탈 자켓' 이라는 영화에서 상사가 한 병사에게 벌을 받고 싶은 방법을 선택하도록 하는 경우도 이중 구속의 예가 될 수 있다. 상사는 그 병사에게 모든 사람들 앞에서 스스로 자신에게 창피를 주든지 아니면 상사로부터 직접 벌을 받든지를 선택하도록 강요한다.

다시 돈에 관한 일반적인 신념으로 돌아가자. 우리는 가끔 사람들이 "저에게는 돈이 들어오기만 하면 없어져 버려요."라고 말하는 소리를 듣곤 한다.

이 말에 대한 전제는 무엇인가? 내가 돈을 갖게 되면 잃어버리는가? 또는 내가 무책임하게 돈을 다루기 때문에 사라져 버리는 것인가? 무슨 가정 하에 이 말을 하고 있는 것인가? 다시 그 말에 전제되어 있는 것을 생각해 보면 결코 돈이 충분하지 않다는 의미이지만 언어적으로 충분하다는 기준이 얼마인지는 알 수 없는 수수께끼이다. 결코 돈을 충분히 갖게 된다는 기준은 없을 것 같다. 한 번 더 그 전제를 생각해 보자. '내가 정말로 돈을 가지게 되면 돈은 떠나가게 될 거야'.

이런 식으로 우리가 가진 신념에 깔려 있는 전제를 자문해가는 연습의 목적은 신념 송이들을 확립하는 것이다. 우리는 신념 체제를 마치 포도송이처럼 생각할 수 있다. 그 안에 체제를 유지하는 중심 줄기와 핵이 있다고 보고, 그 중심핵을 찾아 그것을 변화시켜 준다면 부차적 신념은 더 이상 지탱되지 못하고 작은 포도들처럼 떨어져 버릴 것이다.

신념들은 우리에게 행동하고 능력을 발달시키기도 하지만 성공할 수 있다고 믿는 것을 제한할 수도 있다. 이러한 신념을 찾아내면 우리는 대부분 "아하! 내가 이러는 게 무리가 아니었구나!" 하고 말하기 시작한다.

　많은 핵심 신념들은 3살 때쯤에 형성된다고 하며, 나머지의 대부분은 7살 때까지 자리를 잡는다고 한다. 그 후에도 계속해서 우리 자신들에 관한 몇 가지 중요한 신념들을 발달시키지만 기본적인 신념들은 매우 어린 시절에 형성된다.

포도송이와 같은 신념

제 5장

돈과 부에 대한 신념 바꾸기

section 5

1: 제한 신념의 확인 예시

우리는 개인적으로나 직업적으로나 언제나 돈을 다루고 살면서, 입 밖에 낸 적은 없지만 돈에 관한 신념을 암암리에 가지고 있다. 즉 돈을 중심으로 한 신념, 돈에 관련한 정체성, 돈에 부착시킨 의미, 가능성에 대한 지각, 성공한 부자가 될 만한 자격이 있다고 느끼는 것 등이 바로 그러한 신념 요인들이다.

우리의 신념은 자동차의 엔진과 비슷하다. 우리가 지도를 갖고 있다할지라도 엔진에 시동이 걸리지 않으면 한 자리에 그대로 박혀있을 수밖에 없다. 바로 신념은 우리의 삶과 사업을 끌어당겨 주는 원동력이다. 그러므로 돈을 중심으로 한 우리의 신념들이 목표 달성을 방해하는지 어떤지를 확인할 필요가 있다.

필자가 쓴 이 과정은 2006년 샌프란시스코에서 팀과 크리스 홀봄 (Tim & Kris Hallbom)이 부자마음 (Thewealthymind) 세미나에서 돈에 관한 제한 신념을 확인한 지원자에게 질문해서 신념 바꾸기 작업을 행했던 것을 그대로 옮겨 보았다. 이때 지원자가 확인한 신념은 "부자들은 점점 더 부자가 되고, 가난한 사람들은 점점 더 가난해지며, 나는 가난하다."였다.

문 : 그 말의 전제는 뭡니까?
답 : 저는 결코 점점 더 부자가 될 수가 없다는 거지요.
문 : 그 말에 깔려있는 전제는 뭐죠? 당신이 그렇게 말하는 것은 무엇이 사실인 거죠?
답 : 제가 점점 더 가난해지고 있다는 것, 아니 적어도 더 가난한 느낌이 든다는 겁니다.
문 : 자신이 가난하다는 느낌에 대해 무엇 때문에, 왜 가난하다는 느낌이 드는지 말씀해 주시겠어요?
답 : 생활비가 점점 더 비싸지고 제 수입은 그것을 따라갈 수 없기 때문인 것 같아요. 돈을 더 벌려면 일을 더 많이 해야 할텐데 저는 벌써 지쳤어요.
문 : 그럼 돈을 벌려면 열심히 오래 일해야 하네요?
답 : 그렇죠.
문 : 돈을 더 벌려면 열심히 오래 일해야 한다. 그 말에서 전제가 된 것은 무엇입니까?
답 : 한계가 있다는 것입니다.
문 : 당신이 말한 것을 증명해 보시지요.

149

답 : 네.

문 : 자신이 돈을 더 벌 수 있다는 데에 한계가 있다는 말의 전제는 무엇이죠?

답 : 저는 그런 대로 우수하지도 제법 특별하지도 않다는 느낌이 든다는 것입니다.

문 : 당신은 느끼는 대로 그것을 무조건 인정한다는 것이네요. 당신의 느낌은 언제나 정확하고 옳군요. 당신의 느낌은 당연하고요. 그래서 당신의 자아가 '나는 그런대로 우수하거나 제법 특별하지도 않다'고 하는 것을 인정한다는 거네요.

답 : 돈을 더 많이 버는 데에 있어서요….

문 : 그것은 무슨 판단력이 전제가 되어 있습니까?

답 : 하나의 전제는 제가 이미 능력의 한계에 있다는 겁니다. 왜냐하면 내 능력에 입각해서 돈을 벌 능력의 한계에 와 있기 때문입니다.

문 : 그럼 돈을 더 많이 벌기 위해서는 당신이 그런 대로 우수하거나 제법 특별해야 한다는 전제도 있네요.

답 : 네.

문 : 그런데 당신은 그렇지 않으시다는 것이고. 그건 그 수준에서 상당히 핵심에 다가갔네요. 이 시점에서 당신은 돈을 더 많이 벌기 위해 당신이 그런 대로 우수해야 한다는 것을 어떻게 아셨는지 질문에 대답해 주시겠습니까?

답 : 더 많이 벌고 싶어서요.

문 : 그렇군요.

이것이 신념의 순환점이다. 우리가 이렇게 신념을 확인하면 그 자체를 중심으로 고리를 이루어 움직이기 시작하는 것을 알게 될 것이다. 더 많이 가진다면 나 자신이 그런 대로 우수하다는 증거가 될 것이고, 더 적게 가진다면 그런 대로 우수하지 못하다는 증거가 될 것이다. 이것은 둘 다 순환적이고 뒤엉켜 있다. 그 점에서 우리는 핵심 신념을 확인했다는 것을 상당히 확신할 수 있다.

이 신념 바꾸기 과정을 거치는 동안 질문하는 데에 중요한 여러 가지 문제들에 주목해야 한다. 그 신념의 진술에 무엇이 전제되어 있는가, 무엇이 사실인가? 왜? 무슨 이유 때문인가?

첫 진술을 들으면 우리는 그 말이 사실인지를 확인하기 위해서 무엇이 사실인지 질문한다. '모든, 또는 항상, 언제나, 충분한'과 같은 단어는 명확히 규정되지 않기 때문에 주목한다. 그것들에 비유해서 입증할 수 있는 것은 아무것도 없으며 분명 꽉 막힌 신념들을 가리킨다.

예를 들면 "돈을 벌기 위해 열심히 일해야 한다." 라는 신념이 있다. 이것은 일반적으로 사실인 것처럼 설명되고 있다. 우리는 돈을 벌기 위해 열심히 일해야 하고, 돈은 쉽게 오지 않는다는 전제가 포함되어 있다.

section 5

신념의 재 정렬 과정

신념의 재 정렬과정이란 신념을 바꾸기 위해 잠재적 전제들을 바꾸고 다시 신념을 정의하려고 할 때 경험하는 한 과정이다. 신념을 만들어냈던 마음속에서 소프트웨어를 다시 프로그래밍한다고 생각하라. 이 장에서는 이러한 신념의 재 정렬 과정 단계를 거쳐 제한 신념을 어떻게 다시 앵커하고 능력을 강화해 주는 신념으로 변형시키는지에 관해 이야기할 것이다.

제한 신념(Limiting Belief) 확인하기

첫 단계는 오래된 제한 신념을 확인하는 작업으로서, 우선 우리의 마음속에 공간을 떠올리는 시각화(Visualization)를 하여 문자 그대로 공간을 하나 선정한다.

예를 들어 바닥에 구체적인 지점을 그려놓고 제한 신념 공간으로 선정하여, 그 안으로 들어가서 그 신념이 무엇에 관한 것인지, 느낌이 어떤지, 나 자신에게 어떤 영향을 미치는지를 깊이 숙고해보고 이해한다.

긍정적 의도(Positive Purpose or Intention) 확인하기

두 번째 단계는 그 신념의 긍정적 의도를 확인하는 것이다. 우리는 가치가 있어야 한다는 근거 없이는 아무 것을 지니고 있지 않는다. 우리가 이 신념을 가지고 있는 것이 우리에게 무엇을 해주었는지 알고 싶어한다. 이 신념을 지니고 있는 우리의 긍정적 의도는 무엇인가? 이 신념이 우리에게 긍정적인 무엇을 얻게 해주었을까? 어떻게 보면 이 단계는 제한 신념의 존재를 인정하는 것이다. 우리가 가지고는 있지만 더 이상 갖고 싶지 않은 것을 풀어내는 한 방법은 그것의 존재를 인정하는 것이다. 제한 신념은 마치 근절되어야 하는 나쁜 신념 같은 것은 아니다. 어떤 좋은 이유를 가지고 신념을 고수했던 자신의 분아(Part=Mini self)를 인정하는 것이다. 그것은 마치 자신의 가족을 존경하는 것이나 조화를 이루고자 하는 것과 유사한 정체성의 한 부분처럼 그 신념의 긍정적 의도를 인정하고 싶어한다. 일단 인정하고 나면 자유롭게 그것을 풀어 놓아버릴 수가 있다.

다시 정의하기 (Redefine)

이 단계에서 우리는 제한 신념을 완화하기 시작한다. 우리는 실제로 그것이 무엇인지 재정의를 할 것이다. 대부분의 신념들은 어렸을 때 형성되며 캡슐에 넣어진 것처럼 보호된다. 그리고 그것들은 계속 퍼져서 살아가는 상황에서 계속 맞부딪치며, 재 경험하게 된다. 이제 이 단계에서 우리는 그것들을 성인의 시각으로 바라보고 새로운 관점을 위해 좋은 앵커를 강하게 확립할 수 있다. 이것이 바로 신념과 관련된 세상 경험에 관해 자신을 재교육하는 방법이다.

우리는 잘 형성된 새 신념을 원한다. 즉 우리에게 도움이 되고 원하는 것을 가져다 줄 신념이 필요하다. 신념은 선택과 경험을 제한할 때, 그리고 무언가 할 능력을 갖지 못하게 할 때는 제한 신념이라고 볼 수 있다.

잘 형성된 신념은 더 많은 행동을 할 수 있는 가능성을 주어서 선택지를 넓혀준다. 앞에서 필자는 유인 요소(Attractor)였던 신념을 만들어 낼 것이라고 했는데, 유인 요소라는 단어는 외부에서 안으로 무언가를 가져오는 것을 의미한다. 하지만 여기서 우리는 외부에서 안으로 아무 것도 가져오지 않으며, 오히려 사물이 세상 속으로 들어오는 것처럼 우리가 세상 속으로 나아가고 있고 변화하고 있는 것과 결합되는 의미이다.

section 5

돈에 대한 신념의 변화 테크닉

이 과정은 '부자 마인드' 프로그램에 참여했을 때 NLP심리학의 개발자 중의 한사람인 팀과 크리스 홀봄(Tim & Kris Hallbom)이 시범(Demonstration)을 보여주었던 과정을 기록한 것이다.

팀은 150여 명의 참여자 중 지원자인 폴이라는 남자와 신념 변화 작업을 행했다.

팀은 바닥에 공간 표시를 해 놓고 폴의 제한 신념인 "나는 돈을 관리하는 것이 어렵다."를 확인하고는 큰 소리로 제한신념을 그 표시된 공간에 서서 말하도록 요청했다. 그리고 나서 다음과 같은 질문과 대답 형태로 작업이 이루어졌다.

팀: 당신이 돈을 관리하는 것에 대해 어렵다고 생각하는 것이 무슨 의미입니까?

폴: 저는 숫자만 보여요. 수학을 싫어해서 숫자를 보면 혼란스러워요. 그래서 돈을 관리하는 것이 어렵지요.

팀: 어렵게 만드는 것이 뭐죠?

폴: 숫자만 보여요. 그리고 제가 정말 얼마를 갖고 있는지 정확히 알고 싶지 않아요. 왜냐하면 돈이 있다는 것을 알면 제가 책임을 지지 않으려 할 것 같아서요.

팀: 그것은 무슨 뜻이죠?

폴: 제가 책임능력이 없다는 거지요.

팀: 정말 돈을 관리할 만큼 충분한 책임 능력이 없다고 말하고 있군요.

폴: 맞습니다.

팀은 여기까지 대화한 것을 요약했다. 폴은 돈을 가질 수 있다고 느끼지만 관리하는 것이 어려워서 하지 않았으며, 자신이 돈 관리를 소홀히 해서 자신의 자금사정을 분명히 이해하지 못했기 때문에 원했던 것을 향해 정말로 앞으로 나아가지 못했던 것이다.

팀: 폴, 당신의 신념인 "나는 돈을 관리할 만큼 충분한 책임 능력이 없다"를 여러 번 반복해서 진술해 보세요.

폴: 네. 나는 돈을 관리할 만큼 충분한 책임 능력이 없다. (여러 번 반복해서 진술한다)

팀: 그 말을 하니까 어떤 기분이 드십니까?

폴: 정말 시시하고 엉터리 같은 느낌이 듭니다.

팀: 그 느낌이 신체 어느 부분에서 느껴집니까?

폴: (머리를 만지며) 이쯤에서 느껴지는 것 같아요. 안개가 자욱히 낀 같은 것처럼 보입니다.

팀: 거기에 서서 이 안개를 보시고, 느껴보시면서 감을 잡아 보세요. 그 신념의 긍정적 의도는 무엇일까요?

폴: 쉽게 알 수 있습니다. 제가 과소비하지 못하게 하는 것입니다. 재미있군요. 과소비하지 않는다면, 또는 검약한다면 책임감을 느낄 것이기 때문이죠. 그러나 내 소비 습관을 조절하고 돈을 가지고 있다는 것을 다짐하는 방법인 것 같아요.

팀: 소비 습관을 조절하고 돈을 가지고 있다는 것을 다짐한다면 그것이 당신에게 훨씬 더 중요한 무언가를 얻게 해줍니까?

폴: 제가 돈을 가지고 있다는 것을 알기 때문에 마음의 평화를 얻게 해줍니다. 제 은행 구좌와 돈의 이미지를 보고 저의 자금사정이 좋다는 평화로운 느낌 말입니다.

팀: 즉, 벗어나 있으면서 관리하지 않고도 돈을 관리하는 방법을 나타낸 것이로군요. 이것은 드문 경우는 아닙니다. 버지니어 사티어가 "네가 가진 문제는 바로 네가 문제를 대처하는 방식이다."라고 말하곤 하면서 가끔 정반대를 행함으로써 해결책을 찾았던 방식을 적용해 보겠습니다.

자, 이제 신념이 좀 느슨하게 되기 시작한 거지요. 재 정의하는 공간인 이 쪽으로 한걸음 나오세요. 그리고 다시 그 신념을 생각하세요. 일단 그 신념이 무엇인지 알았고 확인했으니까 그것이 폴, 당신의 삶에 무슨 영향을 끼쳤는지 알아야 합니다. 그 신념의 긍정적 의도도 파악했으니 새로운 시각으로 바라보기를 할 수 있을 것입니다.

이 신념의 정반대는 무엇일까요? 당신은 제한 신념을 갖고 싶지도 않고, 그 반대의 것으로 바꾸기를 원하지요?

폴: '나는 돈으로 책임을 다할 수 있다'는 신념을 제안합니다.

팀: 신념을 바꾸는 데에 있어서 신념 진술을 할 때 위험하거나 또는 효과적이지 않을 때도 있지요. 주장을 옹호하는 사람들이 마치 사실인 것처럼 그 주장을 말하면서 재단언하기 위해 이야기하기도 합니다. 그러나 종종 경험이나 증거에 비추어 볼 때 그게 진실하지 않으면 자기 내면의 분아가 '아니야, 너는 그렇지 않아.' 라고 말하는 소리를 듣게 됩니다. 그리고 또한 내면의 충돌이 생겨나서 갈등상태에 빠지게 될 수 있습니다. 그러므로 우리 내면의 분아들이 모두 "응, 그래, 그럴 수 있어."에 동의해야 할 것입니다.

그럼 폴, "나는 돈으로 더 많이 책임을 다할 수 있다. 내가 원하는 만큼 책임을 다할 수 있다." 를 말씀 하십시오. 그리고 어떤 기분이 드시는지 느껴 보십시오.

폴: 올바른 방향으로 가고 있다는 느낌이 듭니다.

팀: 당신에게 멘토가 될 수 있는 누군가를 생각해 보십시오. 아마 당신을 잘 알고 있고 한 인간으로서 당신에 관해 생각해 주며

돈을 다루는 면에서 당신이 존경하는 누군가를 생각해 내십시오.

폴: 저의 아버님이십니다.

팀: 자, 그럼 이쪽으로 종이 위로 와서 서십시오. 그 종이 위 지점은 바로 아버님의 입장입니다. 가능한 한 폴, 당신의 아버님이 되어 저쪽에 있는 아들인 폴을 바라보면서 마치 아버님이 말씀하시는 것처럼 "폴, 너는 돈을 다룰 줄 모르는구나. 돈으로 책임을 다할 줄도 모르고… 너는 돈을 다루는 책임감이 없는 사람이야." 라고 말해 보세요.

폴: 네. 알겠습니다.

팀: 자, 심호흡을 하시고, 편안한 마음으로 아들을 바라보십시오.

폴: "폴, 너는 돈을 다룰 줄 모르는구나. 돈으로 책임을 다할 줄도 모르고… 너는 돈을 다루는 책임감이 없는 사람이야."

팀: 지금 폴의 아버지로서 당신은 아들에게 어떤 건의나 조언을 하시고자 합니까?

폴: (아버지의 입장에서 대답한다.) 그렇지 않아, 폴. 너는 매우 똑똑하고 능력있어. 네가 돈을 관리할 줄 안다는 사실에 대해 나는 알고 있단다.

팀: 아버지는 폴을 신뢰하고 믿습니까?

폴: (아버지의 입장에서 대답한다.) 오, 정말 믿습니다. 나는 폴을 늘 지켜봐 왔습니다. 매우 자랑스러워요. 그 애는 마음만 먹으면 그냥 다 잘 해냈어요. 돈을 관리할 줄 안다는 사실에 대해

나는 잘 알고 있답니다.

팀: 이제 아까 자신의 위치로 돌아가서 서 계십시오. 이제 당신 자신, 즉 폴로 돌아갑니다.

폴: 네.

팀: 방금 당신에게 그런 이야기를 해준 아버지의 말을 들었으니까, 그것을 되새기고 마음을 안정시키십시오. 또 생각나는 다른 멘토가 누가 있습니까? 당신이 잘 알지 못하는 이론적 인물이라도 좋습니다.

폴: 워렌 버핏입니다.

팀: 좋습니다. 그럼 이번에는 이쪽 종이 위에 서 계십시오. 잠시 동안 당신이 워렌 버핏이 되는 것입니다. 자 심호흡을 하시고, 편안한 마음으로 당신은 워렌 버핏입니다. 당신, 워렌 버핏 씨는 저 쪽에 있는 폴을 위해 어떤 조언이나 피드백을 가지고 있습니까? 멘토로서 폴을 위해 워렌 버핏 당신이 줄 수 있는 조언은 무엇입니까? 폴을 마주 보면서 말씀해 주시겠습니까?

폴: (폴의 멘토로서 워렌 버핏의 말이지만 실은 폴이 대답한다.) 폴, 당신이 정말 성공하고 싶다면 진짜 성공의 핵심 열쇠는 돈에 대해 지배력을 갖는 것이오. 당신은 무슨 일이 일어나고 있는지 알고 싶어합니다. 또 당신은 돈은 우리가 누구인지에 대한 메타퍼(은유)라는 것도 알고 있어요. 그래서 당신은 재정을 푼돈까지도 맞추어 가는 것이 중요하다는 것을 알지요. 당신이 그렇게 하기 때문에 모든 기회의 세계를 스스로 펼쳐 나갈 것입

니다.

팀: 다시 자신의 위치로 되돌아가십시오. 그리고 워렌 버핏이 했던 말을 되새기고 마음으로 다시 들어 보십시오. 좋은 조언입니다. 특히 워렌 버핏에게서 나온 거요. 정말 이것은 마음으로 받아들이십시오. 폴, 당신이 이 멘토 역할들을 받아들이면 가능한 한 충분히 그 안으로 들어갈 수가 있습니다. 당신은 실제로 여러 멘토를 가질 수가 있군요. 이제 우리는 반대의 예시나 또는 원래 신념의 예외를 확인해 보고 싶군요. 당신이 정말 돈으로 더 많이 책임을 다할 수 있는 상황을 생각해 보시겠습니까? 달리 말할 수 있는 반대 사례들이 있을 겁니다. 누군가가 돈을 벌려고 일을 열심히 해야 한다고 믿는다면 열심히 일 안 하고도 돈을 많이 번 사람을 아느냐, 또는 아니면 일 열심히 하고도 많이 못 버는 사람을 본 적이 있느냐고 말할 수도 있는 것처럼요. 당신도 그 중에 어느 한 견해를 가지고 있지요, 그렇지요?

폴: 네, 그렇습니다.

팀: 잠깐만, 이제 이 공간 밖으로 나와 보세요. 멀리서 안을 들여다보시면 저 안에 폴, 당신이 있습니다. 여기서 자신에 관한 영화를 상영한다고 생각하면 돈 관리를 안한 것이 과거 당신에게 어떻게 행동하도록 했는지에 관해 볼 수 있습니다. 그 신념을 지녔을 때 그것이 당신에게 무엇을 하게 했고 어떻게 행동하게 했는지를 주목해 보세요.

폴: 제가 아까 보았던 안개를 생각하면, 그것이 바로 돈에 관해 제

가 느끼던 방식이라는 것을 깨닫게 됩니다.

팀: 좋아요. 이제 재 정의하는 위치로 다시 가보시지요. 폴, 당신이 어떻게 행동하고 싶은지 느껴 보세요. 하고 싶은 것이 무엇입니까? 저기 밖에서 당신 자신에 관한 영화를 돌려 보세요. 그리고 당신의 재정을 바라보고 투자를 토의하도록 부탁받는다면 어떻게 대응하시겠습니까?

폴: 참 기묘하고 불가사의한 느낌입니다. 안개 같은 것이 사라지고 갑자기 이것에 관심이 생깁니다. 게다가 워렌 버핏이 돈의 중요성에 관해 말했던 것이 생각이 나고, 내가 능력도 있고 꽤 똑똑하다는 생각이 듭니다.

팀: 폴, 당신은 어떻게 행동하고 싶으십니까? 새 신념은 무엇입니까? 어떤 새로운 신념이 하고 싶은 행동을 지지해 줍니까? 신념을 잘 만들려면 무엇보다도 긍정적으로 진술되어야 하고, 부인하지 말고 긍정하며 더 많은 행동적 선택을 주는 것이라야 합니다. 그것은 행동이 아니라 신념이라는 것을 명심하십시오. 신념은 존재의 상태나 사물이 존재하는 방식입니다. 또한 시적인 표현이 아니라 7살 어린이가 말하고 이해하는 것처럼 어린애 같은 언어로 단순하게 진술되어야 합니다. 그리고 가능성을 강화해 주며, 최종 결과보다는 과정 지향적이어야 한다는 것을 확실하게 해 두어야 합니다. 또 계속적 과정인 것을 원하지요.

폴: 저도 책임을 다할 수 있도록 노력하고 있습니다. 그러나 갑자기 제 돈에 관해 투명한 크리스탈이 된 것 같습니다. 분명하게 돈

을 볼 수 있습니다.

팀: 좋은 출발을 암시하는 징조군요. 하지만 폴, 당신의 신념인 돈을 관리하는 문제를 다루어야 합니다. 올바른 대체 신념을 얻는다는 것은 매우 까다로워서 때로는 수완이 필요하답니다. 폴, 당신은 분명 신념을 잘 만들고 싶지요? 아마 '내가 돈을 주의 깊게 일일이 조사하면 더욱 책임을 수행할 수 있다.' 또는 '내가 돈을 주의 깊게 일일이 조사하면 효과적으로 관리할 수 있다.' 또는 ' 나의 재정을 주의 깊게 일일이 조사하면 잘 관리할 수 있다.'처럼 진술할 수 있을 것입니다. 당신이 신념을 바꾸려 할 때 긍정적인 의도가 숨겨져 있다는 것을 확인하는 것도 중요합니다. 긍정적 의도는 당신을 책임감 없는 사람이 되지 못하게 하는 것이므로 그 말의 표현은 '내가 돈을 잘 관리할 수 있다.'와 같은 내용을 포함하는 것이 좋겠군요.

폴: 나는 수정처럼 투명하게 내 자금을 관리할 수 있다.

팀: 수정처럼 투명함을 갖는다는 것은 최종 결과입니다. 미안하지만 폴, 나는 아직 당신을 믿기 어렵군요. 왜냐하면 당신은 아직 수정처럼 투명함을 갖지 않았기 때문에 과정 지향적인 것을 말해 보십시오. 예를 들면 '재정상태에 관해 똑똑해지면 나는 그것을 잘 관리할 수 있다.'와 같이 말입니다.

폴: 바로 그것입니다. '재정상태에 관해 똑똑해지면 나는 그것들을 잘 관리할 수 있다.'

팀: 자, 이쪽으로 오셔서 그것을 일치하게 말씀하십시오. 일단 잘

만들어지고 모든 기준에 충족된 새로운 신념에 일치하는 반응을 얻으면 더 이상 당신을 밀어 붙이거나 혼란시킬 필요가 없답니다. 폴, 당신의 새 신념을 방금 진술한 대로 신체적 자세도 일치시켜 보십시오.

폴: '재정상태에 관해 똑똑해지면 나는 그것들을 잘 관리할 수 있다.' (자세를 바꾸며 진술한다.)

팀: 그것은 어떤 기분이, 느낌이 드십니까?

폴: 정말 좋아요.

팀: 됐습니다. 이제 나오세요. 그리고 몇 번 이 과정을 반복해서 연습해야 합니다. 그렇게 해야만 문제가 되곤 했던 것이 떠오를 때마다 새로운 신념을 연결시켜서 새로운 곳으로 스스로를 촉진할 수 있습니다. 당신은 이제 새로운 신념을 가지기 위한 새로운 정신적 전략을 구축한 것입니다. 3~8회 정도 반복 연습하면 이 과정이 자동적으로 바뀌어 옛 신념은 무의미하게 들리기 시작할 것입니다. 자, 폴, 이쪽으로 오셔서 옛날 신념을 다시 진술해 보십시오. '나는 돈을 관리할 만한 충분한 책임감이 없습니다.' 라고요.

폴: 나는 돈을 관리할 만한 충분한 책임감이 없습니다.

팀: 앞으로 한 걸음 나오세요. 이 신념의 긍정적 목적은 돈을 가지고 있다는 것을 알면 스스로 마음의 평화를 갖게 하는 것이라고 하셨지요? 그 분아 (내면의 mini self)를 존중하십시오. 여기 이 공간 위치에서 다시 정의를 하십시오. 폴, 귀에 쟁쟁하게

울리는 워렌 버핏의 말소리를 들을 수도 있습니다. 당신은 책임을 다할 수 있는 모든 방법들의 반대 예시들도 생각해 볼 수 있습니다. '자신의 금전에 관해 명석해지면 그것들을 잘 관리할 수 있다.'를 정말 당신 눈으로 확인할 수 있는지 어떤지를 주목해 보십시오. 그럼 한 걸음 앞으로 나오시지요.

폴: (새 신념에 몇 번의 변화를 주어서 '나 자신의 금전에 관해 명석해지면 그것들을 잘 관리할 수 있다'가 되었다.)

팀: 됐습니다. 이제 다시 한 번 더 옛날 신념, '나는 돈을 관리할 만한 책임감이 없다.'의 위치로 되돌아가세요. 여기가 바로 옛날 신념이 앵커되었던 곳입니다. 자, 폴, 옛날 신념 '나는 돈을 관리할 만한 책임감이 없다.'를 큰소리로 다시 진술해 보시겠습니까? 그것을 믿고 있습니까?

폴: 아니오.

팀: 그것이 이제 적절해 보입니까? 지금은 공허하게 들리지요, 그렇지 않습니까? 그러나 그 신념 이면에 있는 의도, 즉 당신에게 돈을 갖고 있게 하고 안전하며 일하게 하는 그러한 평화를 가질 수 있게 해준 의도를 존중하십시오. 이 일을 꽤 빨리 하고 싶을 것입니다. 워렌 버핏이 해준 말, 당신의 아버님이 해준 말들, 당신이 가진 반대 예시들을 기억하십시오. 앞으로 나오셔서 다시 한 번 더 새 신념을 다져 볼까요?

폴: 나 자신의 금전상태에 관해 똑똑해지면 그것들을 잘 관리할 수 있다. 나 자신의 금전상태에 관해 똑똑해지면 그것들을 잘 관

리할 수 있다.

팀: 새로운 신념에 도전해 보지요, 폴. 내 생각이 뭔지 아시지요? 당신은 돈을 관리할 만큼 충분한 책임감이 있다는 생각이 들지는 않는데요. 지금 무슨 느낌이 어떻게 드십니까? 돈을 관리할 만큼 충분히 책임감이 있습니까?

폴: 그럼요. 정말 그렇고말고요.

팀은 이 시범(Demonstration)을 끝내고 신념 바꾸기 작업에 대해 다시 한 번 개요를 설명했다. 꽤 오랜 시간 동안의 작업이었지만 매우 구체적이고 상세해서 동양인인 필자도 혀를 내두를 정도로 내심 감탄스러웠다. 이 시범이 끝난 후 필자는 일부러 폴에게 다가가 몇 마디 질문을 해보았다. 정말로 그런 변화가 마음 속 깊이 느껴졌는지 궁금했다.

폴은 이 과정을 경험하면서 자신이 털어놓았던 신념에 대해 너무 많은 관점과 시각에서 보았기 때문에 지금은 옛날 신념이 무의미해졌다고 말했다. 또 팀이 옛날의 제한 신념이 지금은 더 이상 적합하지 않다는 느낌을 갖게 하고 의심하도록 촉진하기 위해서 상당히 가혹하게 새 신념을 시험했기 때문에 많은 것이 해소되었다고 했다.

이 시범 과정이 끝나고 서로의 피드백을 주고 받은 후 두 명씩 그룹 작업을 하면서 팀이 했던 방식대로 신념 바꾸기 작업을 해냈고 변화를 경험했다. 일단 이런 식으로 신념 바꾸기 작업을 해냈으면, 이제 우리는 그 시스템을 자리잡게 하고 그 다음에도 계속 시도할 수 있다.

팀과 크리스에 의하면, 그들은 수년 동안 사람들이 혼자서 (또는 파트너와 함께 하면 더 도움이 되는) 신념 바꾸기를 할 수 있는 방법을 찾아내려고 한 결과, 이러한 방법을 활용하여 혼자서도 성공적으로 할 수 있도록 했다.

일단 그들이 실행한 과정을 이렇게 대본 구성을 했기 때문에 반복해서 사람들이 활용할 수 있고, 그것을 경험해 봄에 따라 더 잘 할 수 있을 것이다.

팀은 이 신념 바꾸기 과정이 정체성 수준의 신념에도 효과가 있으며, 이 문제에 대해 수차례 테스트를 거쳤다고 했다. 특히 용서(Forgiveness)나 재각인 (Reimprinting)을 포함한 긍정적 의도를 그 안에 가지고 있기 때문에 효과가 있다고 강조했다.

긍정적 의도를 찾아내서 그것을 마음속으로 깊이 인정하는 것이 매우 중요하다. 그러한 방식으로 관계가 단절된 분야가 중요해져서, 긍정적 분야를 유지하게 되는 반면에 우리들이 그것을 표현하는 방식을 놓아버린다는 것이다. 그렇게 하고 나면 자신을 표현하기 위해 보다 더 강력하고 능력을 강화해 주는 방식으로 그것을 대체할 수 있다.

바꾸고 싶은 신념을 여러 개 가지고 있다면 하루에 한 번씩 이 과정을 하고 싶어 할 수도 있다. 이 과정을 여러 번 연속적으로 해도 반드시 그 과정의 성과를 부정하는 것이 아니며, 짧은 기간에 많은 변화를 만들어 내는 것이다. 그러나 우리는 신념 바꾸기를 시도하는 사람에게 일어나고 있는 변화의 속도(Pace)와 환경(Ecology)을 점검해야 한다.

지금까지 팀과 크리스가 '부자 마음(Thewealthymind) 프로그램'에서 행했던 신념 바꾸기 시범을 소개했다. 그 과정을 다시 간략하게 개관해 보기로 한다. 주로 혼자서 신념 바꾸기 과정을 경험하고 있다고 가정하고 설명하고자 한다.

1. 첫 번째 위치로 걸어 들어간다. 제한 신념을 진술하고 자신의 신체에 어떤 느낌이 드는지 인식한다.
2. 긍정적 의도를 찾는다. 긍정적 의도가 무엇인지 알아낸다.(확실하게 적절한 말을 사용하기 위해서 앞에 제공한 대본을 참고한다.) 이 신념을 지닌 것이나 자신에게 무엇을 해주는가 또는 나 자신에게 무엇을 얻게 해주는가? 이러한 질문은 보다 심층 수준의 의도까지 우리 자신들을 데려갈 것이다. 보다 심층적 수준처럼 들리는 것을 얻게 되면 그것을 존중하고 인정해 준다.
3. 다시 정의한다. 정반대의 신념을 경험해 본다.
4. 여러 멘토를 확인하고 그들의 충고를 듣는다.
5. 반대의 예시를 확인한다. 즉 그 신념이 사실이 아닌 때는 언제인가?
6. 잘 만들어진 새 신념을 창조해서 인스톨(Install)한다.

필자는 프로그램을 참여하고 트레이너 교육을 받으면서 변화된 신념에 관한 멋진 이야기들을 들을 수 있었다. 여기에 이전의 제한 신념과 이후의 새 신념들의 예시들을 제시해 본다.

· 제한 신념 : 돈을 소비하는 것은 내가 무례한 존재라는 의미이다.

- 잘 만들어진 새 신념 : 돈을 소비하는 것은 완전히 나를 자유롭게 하고 능력을 강화해 준다.

- 제한신념 : 나는 행복해지기 위하여 돈이 필요하지 않다.
- 잘 만들어진 신념 : 내가 부를 축적하면 풍요의 기쁨을 함께 나눈다.

이 예시는 새 신념은 좋으나 너무 장황하므로 7살 어린이가 말하는 것으로 고쳐 말하도록 격려를 받았다. 새 신념이 너무 거창하고 이해하기 어렵거나 복잡다단하다면 우리의 무의식이 "뭐야? 정말 모르겠다." 라고 말할 것이다. 이 사람의 새 신념은 다시 "내가 돈을 벌면 그것을 서로 나눌 수 있다."로 진술되었다.

- 제한 신념 : 나는 많은 돈을 가질 만한 자격이 없다.
- 잘 만들어진 신념 : 돈은 내게 쉽고 빨리 온다.

제한 신념을 잘 만들어진 신념으로 바꾸기 위해서는 앞의 도표에 나타난 조건들을 만족시키는 신념이라야 마음속에서부터 빨리 수용된다.

이러한 신념을 깨닫게 하는 것은 종종 그것들을 변화시키기 시작한다. 일단 새 신념이 형성되면 그 자체를 창조하고 인스톨할 수 있다. 우리가 새 신념을 확인하고 그것을 분명하게 표현하면 신념 자체가 창조되고 인스톨되기 시작한다. 여러 번 반복해보는 것은 새 신념을 강화하는 데 좋으며 마침내 새로 바뀐 신념을 지니게 된다.

이 신념 바꾸기 과정이 끝난 후 필자는 내 자신과 많은 접속을 해보게 되었고, 돈이 바로 사랑이라는 것을 새로이 깨닫게 되었다. 내게 돈이 없다면 그건 정말 돈을 가지고 있지 않은 것이 아니라 사랑을 갖지 못한 것이었다. 나 자신이 진실로 성공과 풍요를 증가시키기 위해 해야 할 필요가 있었던 것은 더 많은 사랑을 주고받기 위해 마음을 여는 것이었다. 나 자신의 의도 또한 다소 마음에 맞는 사람들을 만나 서로 호감을 나누는 것에 맞추었다. 이러한 새 가능성에 나 자신을 열기 시작하면 내 안에서 일체의 모든 것이 풍요로워지는 느낌이 들었다.

내가 자신을 제한하는 신념을 제거하고 그것들을 놓아버린다면 무슨 일이 일어날까? 원하는 것을 열매 맺을 모든 새로운 가능성을 열 수 있을 것이다. 내가 사는 세계를 더 좋은 것으로 만들 때 그것은 그 밖의 모든 사람의 세상에 영향을 미칠 것이다.

제 6 장
부자 비전
(Reach People Vision)

section 6

1: 자신의 시간선 발견

만약 내가 실패하지 않을 거라는 것을 안다면 무엇을 할 것인가?

필자가 코칭 세션에서 내담자를 만나면 맨 먼저 묻는 가장 중요한 질문은 "원하는 것이 무엇입니까?"이다. 그들은 담배를 끊는 것이라거나 살을 빼는 것, 또는 돈을 많이 버는 것이라고 대답한다. 내가 묻는 그 다음 질문은 항상 똑같다.

"무엇 때문에 그것을 원합니까?"

사람들은 다양한 이유 때문에 많은 것을 원한다. 어떤 사람들은 돈이 안정을 줄 것이라고 생각하기 때문에 돈을 원하며, 돈으로 자유를 살 수 있기 때문에 원한다는 사람들도 있다. 또한 '파워'나 '성취감'이나 '성공'을 위해 돈을 원하기도 한다.

이 말들은 각각 그 개인의 가치, 즉 자신에게 중요한 의미를 주며 풍요를 가져다주는 가치를 나타낸다. 가치를 실현하지 않고 목적을 달성하면 그 성공은 공허한 것이며 인생도 무의미해지고, 내면에서도 공허감을 느끼게 될 것이다.

자신의 목적과 가치를 충분히 생각할 시간을 가지면 자신의 삶은 개선되기 시작할 것이다. 우리는 이제 전보다 더 큰 의도를 갖고서 마음이 원하는 것을 추구하도록 프로그래밍하는 과정을 시작할 것이다. 첫 단계는 시간을 나타내는 두뇌 자체의 독특한 방법을 의식하기 시작하는 것이다.

생각하지 말고 미래를 가리켜 보라. 지금 해보라. 다음에는 과거를 가리켜라. 그저 아무 생각 없이, 그냥 방향을 가리켜 보라. 과거를 뒤에 가지면 미래는 자신 앞쪽으로 뻗어있는가? 또는 과거가 왼쪽에 있고 미래는 오른쪽에 있는가?

오답도 정답도 없지만 두뇌가 시간을 코드화하는 것은 자신에게는 완벽하다. 이제 다음의 연습을 해보면 자신의 내적인 '시간선'에 관해 훨씬 더 분명해질 것이다.

자신의 시간선 발견하기

1. 세수하고 아침 식사하기와 같은 일에 대해 생각하라. 내일 자신이 그것을 하고 있는 것을 떠올릴 때, 그 이미지가 자신의 앞, 오른쪽인가 왼쪽인가? 거리가 얼마인가? 지금 가리켜 본다.
2. 다음에는 다음 주에 똑같은 활동을 하고 있는 것을 생각하라. 그림이 오른쪽으로 더 먼가, 왼쪽으로 더 먼가? 앞에 있는가, 뒤에 있는가? 더 가까운가, 더 먼가? 다시 한 번 마음속에서 이

미지를 보고 있는 곳을 가리킨다. 지난주는 어떤가? 일주일 전에 똑같은 활동을 하고 있는 것을 어디서 떠올리는가?

3. 이제 앞으로 한 달 후 똑같은 활동을 하고 있는 것에 관해 생각한다. 그림이 더 가까운가 멀리 떨어져 있는가? 오른쪽에 또는 왼쪽에 있는가? 앞에 또는 뒤에 있는가? 높은가 낮은가? 한 달 전은 어떤가? 그때 똑같은 활동을 하고 있었던 그림은 어디에 떠오르는가?

4. 마지막으로 6개월 후에 똑같은 활동을 하고 있는 자신을 떠올린다. 그 그림이 가까운가 멀리 있는가? 왼쪽인가 오른쪽인가? 높은가 낮은가? 6개월 전은 어떤가? 지금 그 이미지를 가리켜 본다.

5. 이 모든 이미지들이 하나의 선 안에 연결되어 있다. 우리 자신의 마음속에서 거인이 '점 연결하기'를 하고 있는 것처럼 하나의 선으로 연결되어 있다. 이것이 바로 자신의 무의식적 마음이 시간을 나타내는 방식인 자신의 '시간선'이다.

우리가 자신도 모르게 미소가 번져나오는 미래를 가진다면 우리의 모든 자원은 자동적으로 미래를 향해 방향을 돌리게 되어 있다. 정말 멋진 일은 매일 그 미래를 향해 자신이 움직이고 있는 것을 알게 되는 것이다.

section 6

부자 비전 창조하기 연습

○년 후 미래에, 자신의 삶에서 가장 부유한 때라고 상상한다.

인간관계, 직업, 건강, 재정, 영적 생활에서 무슨 일이 일어났는가? 어떤 새로운 사고와 행동들을 실행했는가? 나 자신은 누가 되어 있는가? 자신의 장기 목적 중 어느 것이 이미 달성되었는가? 어느 것이 이미 잘 진행 중에 있는가? 어느 것이 배경으로 사라져 갔는가? 자신의 가치들은 매일 어떻게 살아나가는가? 가치들은 어떻게 변화되고 발전되었는가? 어느 가치가 더 중요해졌는가? 어느 가치가 희미하게 사라져 가는가?

이제 자신의 긍정적인 미래에 가장 일어나기를 바라는 모든 것을 나타내는 이상적인 장면을 창출한다. 그 미래 속에서 자신이 정말 긍정적이고 행복해 보이는 것을 반드시 볼 수 있어야 한다.

지금 자신의 이상적인 장면을 설계하라. 나는 어디에 있는가? 누구와 함께 있는가? 나의 인생을 훨씬 더 풍요롭게 만드는 것은 무엇인가? 가장 마음에 드는 것은 무엇인가?

그 이미지를 가지고 미래 ○년 후의 시간선으로 가서 그 위에 둔다.

그 이미지가 정말로 크고, 빛나고 대담하고 화려하다는 것을 확인한다. 그것을 그저 상상하는 것만으로도 정말 기분이 좋기 때문에 자신이 제대로 잘 하고 있다는 것을 알 것이다.

다음에는 그때와 지금 사이의 공백을 채울 예정이다.

- 조금 더 작은 그림을 만들고 그 이전에 일어날 필요가 있는 것에 대한 큰 그림… 몇 달 전에 그것을 둔다.
- 그림을 훨씬 더 작게 만들어 그 전에 일어날 필요가 있는 것에 대한 그림… 몇 달 전에 그것을 둔다.

우리는 지금 현재와 우리 자신의 긍정적이고 멋진 미래를 연관시키는 연속적인 그림들을 가지고 있어야 한다. 이미지들은 그것들 안에서 점점 더 좋은 일들로, 점점 더 점진적으로 커져 가야 한다.

그 그림들을 보고 ○년 동안에 부유한 생활로 갈 수 있는 도로지도를 우리 자신의 무의식적 마음에 잘 간직한다.

이번에는 떠다니며 신체 밖으로 나와서 각 그림 속으로 들어가 본다. 각 그림

마다 잠시동안 충분히 경험한 후에 보다 큰 성공으로 가는 길로 갈 것이다.

자신의 이상적인 큰 그림에 다다르면, 정말로 충분히 즐겁게 경험한다.
원하는 모든 것을 가지게 된다면 어떻게 될까?

끝으로 현재로 돌아와서 다시 한 번 미래의 시간선을 둘러본다.
자신이 창조하기를 갈망하는 미래를 가져오기 위해 우리의 무의식이 가이드로서 활용할 지도를 지금 막 만들어냈음을 알고 있다는 자신감을 느낄 수 있다.

가능한 한 자주 이 연습을 반복하라. 매 번 자신의 미래는 좀더 현실적으로 되고 삶은 좀더 풍요로워질 것이다.

그런데 여기서 짚고 넘어가야 할 문제가 있다. NLP강의를 수강하는 학생들이나 코칭을 받는 내담자들 중에 드문 경우지만 아주 가끔씩 "저는 이미지가 떠오르지 않는데 어떻게 합니까?" 하는 질문을 한다. 우리가 세상을 이해하는 방식 중의 하나는 상상 속에서 지속적으로 만들고 있는 그림을 통해서이다. 사물이 어떻게 생겼는지 시각적으로 상상할 수 있어야 하고, 실제 세상에서 사물을 보면 그것들을 인식할 수 있다.

이 그림들은 우리의 마음속에서 우리가 행하는 모든 일에 강력한 영향을 미친다. 많은 사람들이 머릿속으로 이미지를 떠올릴 수 없다고 믿는 이유는 자신들이 외부세계에서 보는 것만큼 머릿속의 그림이 명확하고 사실적이기를 기대하기 때문이다. 그것이 잘못된 것이다. 사실적인 것과 상상한 것임을 구별할 줄 알아야 한다. 우리가 머릿속에서 그림을 구성하고 그리고 있는 것처럼 느끼는 것이다. 연습을 하기만 하면 완벽하게 할 수 있다. 점진적으로 책을 통해서 또는 리더의 진행에 따라서 시각화하는 능력은 향상되어, 우리가 떠올리는 그림은 더욱더 선명해질 것이다.

처음으로 부자 비전을 창조해낼 때 사람들은 가끔 불가능하다는 생각을 하기도 한다. 사람들은 창조해내고 싶은 결과를 볼 수 있다 할지라도 노력과 희생, 고통을 수반하지 않고는 거기에 도달하는 길을 떠올릴 수 없기 때문이다.

시간이 느려지는 것 같고 바로 딱 알맞은 순간에 바로 딱 알맞은 일을 하고 말할 수 있는 그런 놀라운 상태를 아는가? 심리학자 칙센트 미하이의 '몰입'(Flow)이라는 개념처럼 어떤 일에 집중하여 내가 '나'임을 잊어버릴 수 있는 심리적 상태로 이는 곧 행복을 의미한다. 물이 흐르는 것처럼 자연스럽고 편안한 느낌으로서 아마도 한 번쯤 경험해 보았을 것이다. 특정한 일에 집중하다가 시간이 가는 줄 모르고 그 일에서 편안함을 느꼈던 경험이 바로 그것이다. 우리가 부를 창조하는 비전에 집중할 때 그런 상태에 몰입하게 될 수 있다.

이제 부자 비전을 창조한 다음에는 생각을 부유하게 하는 여느 사람들처럼 모든 가치 있는 성공의 결과는 팀의 노력의 결과임을 명심하고 진실로 훌륭한 팀의 노력의 결과를 이용하는 법을 알아야 한다.

그러려면 정말 좋은 사람들을 선택하고 동기 부여를 잘할 필요가 있다. 요점은 혼자서는 할 수 없다는 것이며, 자신의 모든 목적을 자신의 등에 짊어지고 가려는 것은 결국 자신을 압사시킨다는 것이다. 우리가 DIY Success 와 같은 것은 없다고 인식하면 우리 자신의 부자 비전을 창조하기 위하여 움직이면서 자신을 지원할 이상적인 인간관계를 적극적으로 계발할 수 있다.

끝으로 부자로 성공하기 위한 밑그림을 확실히 하기 위해 지금까지 언급한 내용들을 요약해 본다.

1. 자신이 창조한 부자 비전에 대한 묘사를 기록해 둔다. 자신이 인생의 구경꾼이 아니라 운명의 주인공이 되어 부와 성공을 달성한 사람들이 어떻게 생각하고 행동하는지를 이해하여 똑같은 결과를 달성할 수 있도록 모델링하기 위해서다.

2. 자신의 큰 꿈과 관련된 강점을 표로 3가지씩 작성한다. 또 자신이 정말 중요하게 생각하는 가치관 3가지를 알면 언제나 효과적이고 적절한 결정을 할 수 있을 것이다.

3. 때로는 자신을 괴롭히는 생각 바이러스들과 목적 달성을 방해하는 자신의 3가지 큰 약점을 찾아내서 그 옆에 자신을 지원해 줄 이상적인 사람의 특성을 기록해두어 참조한다.

4. 자신의 외부 현실이 내면의 현실을 어떻게 반영하고 있는지,

그리고 돈과 관련된 자신의 숨겨진 태도와 감정을 찾아내서 기록해 둔다.

  5. 돈을 버는 것에 대한 자신의 무의식적 상한선, 돈과 관련한 자신의 문제점들의 숨겨진 원인들, 자기 자신에게 각인된 과거의 경험들을 찾아내서 기록한다. 그리고 그것을 돌파하고 문제점들을 해결하고 과거의 고리에서 자유로워져서 자신의 미래를 결정한다.

  6. 자신의 주위에 있는 성공한 부자들과 사회적으로 상위 1%의 성공을 거둔 사람들의 표를 만들어 자신에게 감동을 준 역할 모델로서의 특성들, 책이나 매체 등에서 얻은 정보 등까지도 기록해 둔다. 그리고 그들의 성공에 영향을 미친 중요한 신념들을 인식한다.

  7. 돈에 관해 자신의 개인적 과거가 어떤 영향을 미쳤는지 반성해 보고, 평생의 장애물을 없애버리기 위해 부유한 미래를 향해 과거를 다시 쓰는 방식으로 강력한 변화를 성취하기 위한 신념 바꾸기 과정을 언제라도 반복해서 사용한다. 그래서 긍정적인 마음과 풍요로움을 창조해내는 신념으로 변화한다.

  8. 성공을 가로막는 돈을 다루고 버는 것에 관한 갈등과 나쁜 감정들을 없애고 모든 것이 스스로 일어나도록 올바른 정신과 굳건한 자신감을 가진 채 머리, 가슴, 뱃속 깊은 곳까지 자아를 정렬한다.

제 7장

인생의
승부를
걸어라

스스로의 삶을 준비해야 하는 시대

열심히 일하면 부자가 된다고 생각하는가?

만약 그렇다면 전 인구의 95%는 오랜 노동 시간에도 불구하고 간신히 살아가는 반면 단지 5%의 인구만이 부자인 이유는 뭘까?

어떤 매스컴 기관의 조사 결과에 의하면 한국인의 54%가 한국 사회에서 개인의 성공 조건은 돈(재력)이라고 했으며, 최근 대학에서도 돈을 벌기 위한 재테크 교육을 비롯한 경제 관련 교육이 학생들의 집중적인 주목을 받고 있다.

우리는 매일, 매월, 매년을 살면서 마음 속 깊은 곳에서 불안을 느끼고 있다. 신문과 텔레비전 등에서는 식품의 안전성, 집단 따돌림, 자살, 살인, 금융사기, 뇌물 수수, 정리해고, 파산, 환경 파괴, 자연재해, 전쟁·분쟁과 같이 우리들의 마음을 무겁게 해주는 사건만이 유독 눈에 들어온다.

정치와 경제도 예측을 불허할 정도로 혼미 속에 있고, 주가는 단기에 급격히 올라가거나 내려가며, 재해 등으로 사람이 대량으로 순식간에 죽는 일이 일어난다. 보통 사람들은 자신들과는 의식이나 생활 패턴이 다른 것 같은 부유층이 많아졌다고 생각하며 보이지 않는 계층 의식과 위화감을 마음속에 가지게 된다.

특히 최근에 자주 언급되는 키워드인 '계층 간 격차 확대'라는 단어에서 짐작되듯이, 새로운 빈곤자로 불리는 계층(25세 이하와 76세 이상)이 증가하고, 젊은이와 독신 고령자의 빈곤이 늘어나며, 범죄와 자살이 점차 늘어나고 있는 현상이 심각하게 대두되고 있다.

IMF 구제 금융 신청 후 10년 동안 우리 사회에 드리워진 빛과 그림자의 변화상에 따라 이태백, 삼팔선, 사오정, 오륙도니 하는 표현으로 취업난과 조기 은퇴를 당해야 하는 중년들의 불확실한 미래에 대한 스트레스를 빗대는 은어들이 유행하는 판이다.

이러한 사회 심리적 분위기 속에서 '열심히 하는 게 좋다'라고 여겨진 시대는 끝이 났고, 결과를 내지 않으면 평가받지 못하는 시대가 된 것이다. 왠지 막연한 불안감에 쫓기는 듯한 느낌을 갖고 걱정할 수도 있지만 걱정은 불필요하다. 걱정하고 있어도 상황을 바꿀 수는 없기 때문이다.

이 상황을 이겨나가는 열쇠가 되는 것은 바로 우리 자신의 지식과 독창적인 창의력뿐인 것이다. 이제 지는 것을 두려워하는 인간은 성공해서 부를 손에 넣을 수 없고, 사는 방법을 바꾸는 사람만이 성공할 수 있다. 무슨 일에도 창의적으로 궁리하고, 장사에서도 상품을

팔자는 생각만 하지 말고, 사고 싶어지도록 궁리를 하는 것이 중요하게 되었다.

이렇듯 불확실한 시대의 사회적 분위기 속에서 압도당하여 쓰러지지 않기 위해서는 '미래에 대한 정확한 이해'와, '자기 자신에 대한 현상 인식'이 굉장히 중요하다. 지금부터 시대를 정확히 파악하고, 살기 위한 지혜를 몸에 익혀야 한다. 그저 막연하게 살아가기 보다는 스스로 움직이고 변화를 시도해서 행복을 손에 넣고 계속 갖기 위한 노력을 기울이는 생활이 자신의 삶을 의미 있게 만들어 줄 것이다.

이런 엄청난 시대에는 자기 스스로 준비할 수밖에 없다. 의욕과 두뇌의 창의력이 있는 사람에게 있어서는 오히려 지금이 많은 찬스가 있는 사회로 보일 수도 있다. 이렇게 계층 간의 격차가 점차 크게 벌어져 버리면 그 벽을 넘어설 수 없는 게 아닐까 생각하는 경향도 있지만, 그와 같은 사고 그 자체가 벽이라는 것을 깨달을 필요가 있다.

이런 상황 속에서 두뇌의 능력이 높은 사람이 보다 많은 성공을 한다는 것은 당연하다. 자연스럽다. 높은 의식, 사고력, 감정을 가지고 있는지 어떤지에 눈을 돌려야만 한다. 사회에 공헌하려고 하는 높은 의지와 창조력을 갖고, 의식을 높이고, 스스로의 의욕과 두뇌의 능력을 높여야 한다. 일할 의욕, 배울 의욕, 소비할 의욕, 즉 살아갈 의욕이다.

두뇌 능력도 마찬가지이다. 또한 바람이 어떤 방향으로 불고 있는지를 읽어내는 두뇌의 능력, 현실을 객관적으로 주시하고 바르게 인식하는 두뇌의 능력, 그리고 그런 것들에 기초해서 행동하는 능력이 필요하다.

　이제는 '자신을 변화시킨다'라는 정도로는 맞지 않는다. 자신의 내면을 모조리 교체한다는 정도의 결의로 맞붙지 않으면 지금 이 사회에 퍼져 있는 에너지를 받아들이고 소화해서 새롭게 창조해가는 것은 불가능하다. 바야흐로 지금 필요한 것은 단순한 노력이 아니라 창의적인 설계이다. 열심히 하는 것이 미덕이며 인기가 있는 시대는 이제 끝났다.

　'열심히 한다'라든가 '노력한다'라는 말에는 일의 중심이 육체노동을 우수한 기계로 대체할 수 있는 작업이 주류였던 시대의 정신이 반영되어 있다. 땀을 뻘뻘 흘리며 일하는 것, 노력하는 것, 고생하는 것, 그것들은 '생산성이 높은 머신'으로서 인간을 사용했던 문화•문명, 사회 시스템에서는 중요했을지도 모른다.

　그러나 이해와 깨달음, 창의성에 바탕을 두지 않은 수고는 이제 아무런 의미도 갖지 않을 뿐더러, 주위에 대해서도 결코 좋은 효과를 갖지 않는 것이 분명해지고 있다. 즉 '창의적 디자인'이 없는 인간은 시대에 뒤떨어질 뿐만 아니라 변화의 장해까지 되어버린다.

　어쨌든 '열심히 하지 않고도 결과를 낸다', '빨리 결과를 내서 자신의 자유로운 시간을 만든다'라고 하는 식이 오히려 발전한 것으로 보인다는 것이다. 자신의 자유로운 시간을 잃으면 잃을수록 사람은 정체상태에 빠지게 된다.

　필자와 몇 차례의 코칭 세션을 가진 고객 중에 열심히 노력하는 데도 행운이 그다지 따르지 않아, 노력이 결실을 맺지 않는다고 푸념을 하는 중년 남성이 있었다. 그는 무언가 창의적인 아이디어를 필자가 제안하면, 언제나 "으-응, 어렵군요."라고 말한다.

지는 것을 두려워하는 인간은 부를 손에 넣을 수 없다. 두려움이 강하면 두뇌의 능력이 내려간다. 승자가 되기 위해서는 두려워하지 않아야 한다. 공포는 무지에서 온다. 리스크가 있는 곳이 아니면 큰 이익이 없다. 안전한 곳에는 이익이 없다.

'위기를 기회로 삼아서 나아가라'는 말이 가리키듯이 장해를 피하는 것이야말로 승자가 될 수 있는 절호의 행운을 놓치는 것일 수도 있다.

찬스와 곤란은 동시에 존재하고, 함께 다가온다. 위기의 시대가 시작되고, 위기야말로 찬스인 것이다. 왜냐하면 위기는 곤히 잠들어 있는 사람을 흔들어서 깨우기 때문이다. 위기에 직면하면 사람은 스스로 삶의 방식을 바꾸어야만 한다.

인생은 늘 선택의 반복이다. 선택을 잘못하면 미래를 잃게 된다. 어떻게 발전할지 그것이 문제이다. 현명한 선택을 해서 행복한 미래를 살기 위해서는 우선 강한 의지를 갖고 자신이 어디로 향하고 있는지, 즉 노력보다도 그 방향성을 알아야 한다. 많은 사람들이 아직 자기 자신 속에 잠자고 있는 잠재능력을 사용하고 있지 않다. 아직 자신의 실력을 깨닫지 못하고 있는 것이다. 그 잠재능력을 눈 뜨게 할 수 있다면 충분히 성공할 수 있는 가능성이 있다.

인생은 두 번이 없다는 것은 누구나 알고 있는 진리이지만 많은 사람들은 그 사실을 망각하고 있는 것처럼 살고 있다.

또 하나 우리가 정작 인생을 맛보는 기간은 삼십 년 정도라고 생각한다. 정말로 활동하면서 생각이 깊은 인생을 보낸다고 하면 기껏해야 30년 정도일 뿐이다.

중국 은나라의 탕왕(湯王)은 자신을 경계하기 위해 세숫대야에 날로 새로워지고, 날마다 새로워지며 또 날로 새로워진다는 의미의 '구일신(苟日新) 일일신(日日新) 우일신(又日新)'이라는 글자를 새겨놓았다고 한다. 세수할 때마다 이 글을 보고 처음 마음을 유지하고 스스로를 경계하고 정진하는 삶의 자세가 얼마나 중요한지를 우리에게 보여주는 진정한 예시이다. 이제부터 자신의 머릿속에 이것을 명심하고 계획을 세워 변화를 시도하면 성공할 수 있을 것이다.

section 7

부자로 성공할 수 있는 두뇌 메커니즘

대뇌 신피질은 대뇌의 앞쪽에 위치하고 우리 두뇌의 30% 정도를 점유하고 있다. 동물에서는 미발달한 부분이며, 우리 인간들의 사고를 취급하는 장소이다.

두뇌의 발달

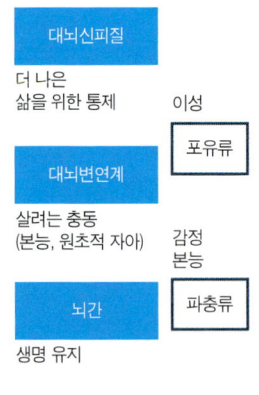
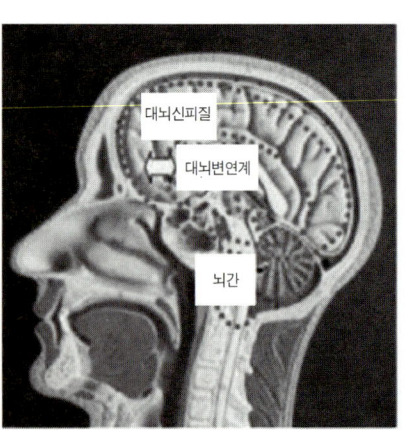

대뇌 신피질은 뇌의 입력계와 출력계를 통합하는 최고 뇌의 영역이자 뇌력을 작동시키는 곳으로 이를 활성화시키는 것이 바로 우리 자신의 능력을 끌어내서 높이는 일이 된다. 성공하는 데에 불가결한 지성은 대뇌 신피질에 의해 연마되기 때문이다. 그러므로 세간에 회자되곤 하는 좌뇌와 우뇌라고 하는 것보다도 오히려 전두엽에서 목표를 짜야 한다고 본다. 감정을 조절하는 것도 바로 대뇌 신피질이다. 대뇌 신피질이 활성화되는 환경에서 일상생활을 하고 일한다면 누구라도 부와 재물과 사랑을 얻을 수 있다. 기분을 좋게 만드는 시각 정보를 뇌에 보내는 일이나 좋은 자극을 주면 더욱 효과를 기대할 수 있기 때문이다. 시각으로 들어온 정보는 두뇌에 정보 유입량이 가장 많기 때문에 중요하다.

두뇌로의 정보 유입량은 컴퓨터 부문에서 정보량을 나타낼 때 사용하는 '비트'라는 단위로 표시되는데 무의식적으로 들어오는 시각 정보는 1000만 비트 정도이며, 그 중에 의식하는 시각 정보는 40비트, 무의식적 촉각 정보는 100만 비트, 의식하는 촉각 정보는 5비트라고 한다. 요컨대 무의식적으로 받는 시각 정보량이 오감 가운데 가장 많다.

만약 스트레스를 심하게 받거나 어떤 타격을 받아 감정을 컨트롤할 수 없다면 비전을 그릴 수도 없고, 주변의 고통도 돌아보지 못하는 철면피한 행위를 자행하는데 이는 대뇌 신피질이 파손되어 버렸기 때문이다. 그래서 언제나 폭넓은 시야를 갖고 유연하게 대응하는 훈련을 하는 것이 중요하며, 뇌의 작용을 높여서 대뇌 신피질을 활성화시켜 성공할 수 있는 두뇌로 변화해 가는 것이 바로 '세로토닌(serotonin)'인 것이다. 세로토닌(serotonin)은 뇌의 시상하부에서 분비되는 신경전달물질 중 하나로 온몸에 사랑과 행복을 전달하는 연락병이다.

우울증 환자와 스토커 범죄자는 이 세로토닌의 분비량이 적다는 의학적 보고가 있다. 사업에서 막히거나 실패만을 거듭하는 사람도 세로토닌의 분비량이 적다고 한다. 바꾸어 말하면 우리가 평소에 돈이 막혀서 사업이 부진해진다고 보는데 그것이 아니라 대뇌 신피질이 막히는 것에 기인하여 돈이 막히게 되는 선택을 해버리는 것이다.

그러므로 세로토닌이 바로 우리를 성공할 수 있게 만드는 것이다. 비즈니스에서 성공하지 못하는 것도 두뇌에 세로토닌이 부족하기 때문이고, 사람들과 정보 교환을 잘하고 있는지 어떤지, 자기 감정의 컨트롤을 잘 할 수 있는지 어떤지도 세로토닌 양에 달려있다.

세로토닌이 결핍되면 우울증과 거식증, 비만, 수면 장애, 더 나아가서는 빈혈에 걸리기 쉽다. 스트레스와 불안은 세로토닌의 감소를 야기하고, 우울증으로 자살한 사람의 뇌는 일반인보다 세로토닌 양이 낮다. 우울증과 자살이 급격히 증가하는 이 시대는 대뇌 신피질이 파괴된 사람이 늘어나 세로토닌이 적게 분비되고 있기 때문이기도 하다. 흐트러진 사무실, 초라한 화장실, 궁상맞은 방, 좁은 목욕탕, 편안하지 않은 삶, 이러한 요소들도 세로토닌의 분비가 줄어들게 하는 환경이다.

이같은 상황에서 세로토닌 분비를 촉진하려면 주위를 정리하고 실내에 녹색식물을 놓고, 특히 쾌적한 화장실을 유지하는 것도 하나의 방법이 되며 약물 복용도 도움이 될 것이다. 그러나 무엇보다도 뭐든지 오랜 기간 복용하게 되면 습관성이 되어 약물에 의존하는 정신적 부작용과 아울러 있을 수 있는 또 다른 신체적 부작용도 감안할 수 있다. 무엇보다도 햇빛을 많이 쬐고 밝게 웃으며 행복하고 유쾌하게 살면 세로토닌이 증가하고, 세로토닌이 증가하면 식욕이 억제된다고 한다.

세로토닌을 위한 약들은 몸속의 세로토닌을 보호해주는 약물들로 뇌를 한 바퀴 돌고 오면 사라지는 뇌 속의 세로토닌 '쓰레기통'에 가서 달라붙는 데 이렇게 되면 뇌에선 세로토닌을 버릴 곳이 없어서 한 바퀴를 더 돌린다. 쉽게 말해 스트레스로 빨리 죽어가는 체내의 세로토닌을 재활용(recycle)하는 것과 같다.

종전의 항우울제보다 효과가 탁월하며 부작용은 적지만 하나 단점이 있다면 약 자체가 세로토닌은 아니므로 우울증이 나아지는 데는 최소한 2주가 걸린다는 점이다. 그러므로 자살생각을 하는 극심한 우울증 환자에게는 적합하지 않다. 보통 2달 정도 쓴 후 효과가 나타나면 서서히 자연방법으로 바꾸는 것이 좋을 것이다.

그러므로 타고난 기질도 바꿀 수 없고 밀려오는 스트레스도 피할 수없다면 NLP심리치료를 통해 건강한 방어기제(defense mechanism)에 대한 테크닉을 배워 대처 능력을 높이라고 하고 싶다.

어려움이 있을 때 남을 탓하면(투사 projection) 그 상대방을 내 마음대로 할 수 없어서 속상하게 된다. 하지만 내 안에 혹시 고칠 것이 없나 살피고 노력하는 것, 그 사람을 이해하는 것, 더 나아가 속상한 마음을 가지고 주저앉지(억제 suppression) 않고 더 어려운 사람에게 눈을 돌리는 것(동일시 또는 동정 sympathy), 남을 돕는 것(승화 sublimation)이 중요하다. 즉, 투사나 억제보다는 동정과 승화가 건강한 방어기제이다.

금전적으로 실패한 사람들의 90% 이상이 자기 문제에 대해 다른 누군가를 비난하고, 그럴싸한 변명과 핑계를 만들면서 과거에 살며, 과거에 자신의 에너지를 바치는 경향이 강하게 나타난다.

결국 성공한 부자가 되기 위해 초점을 나(self)를 넘어서 타인들에게로 확장시키고 바쁘게 살고 행복한 마음을 유지하며, 단 10분이라도 밝은 햇빛에 나와 햇빛을 쪼이고 세로토닌의 분비를 촉진시키는 아미노산의 일종인 트립토판이 풍부한 돼지고기, 양고기, 우유, 바나나, 생선, 초콜릿을 먹을 것을 권한다.

section 7

머니 트러블
(Money Troubles)

개인 코칭을 하다보면 돈이 원인이 되어 번뇌에 빠져 있는 경우를 많이 볼 수 있다. 부부 문제, 자녀 문제, 가족 간의 문제 모두가 깊은 심연을 들여다보면 결국 돈에 관련되지 않는 것이 하나도 없다. 단지 사람들은 돈만이 해결책일 뿐이고 사람의 힘으로는 속수무책이라고 단정을 짓고 나서 다른 해법을 찾고자 하기 때문에 근본적인 해결책을 회피하고 있다.

사람이 걸리는 병은 대개 3종류이다. 행동으로 나타나는 경제적인 병과 신체적 건강으로 나타나는 신체적인 병, 마음의 병인 정신적인 병이라 하겠다. 자신의 생각대로 인생이 나아가지 않고 좌절과 실망을 겪으면서 수렁 속에 빠져 있는 것 같이 느끼고 있는 사람은 기본적으로 이 3가지 병 중에 한 가지 현상에라도 걸려 고통을 받고 있을지도 모른다.

경제적 병에도 여러 가지 있다. 돈을 벌기 위해서는 돈벌이 아이디어와 영감이 샘솟아야 하고 창의성이 발휘되어야 한다. 그런 아이디어나 새로운 발상이 고갈되어 '무엇이 돈벌이가 될까?'라는 것을 생각해 낼 줄 모르고 하루하루를 백수로 시간을 죽이는 사람은 '돈의 뇌질환'에 걸린 사람이라 할 수 있다.

또 아이디어가 떠올라서 좋은 결과를 기대하고 한 일일지라도 반대의 결과가 되거나, 예지능력이나 선견지명이 없이 그냥 배짱으로 앞뒤를 재보지도 않고 돈을 투자하여 손실을 부르게 되면 이것은 '돈의 안질'에 걸린 사람이다.

돈을 모으고, 돈을 벌어들이는 힘이 있어서 밖에서 보면 돈을 가진 것처럼 보이지만 수입 이상의 지출이 있고, 빌린 돈이 많아서 보기보다 돈에 곤란을 겪는 사람이 있다. 그런 사람은 '돈의 장염'에 걸린 사람이라 할 수 있을 것이다. 소화는 해도 흡수가 안 돼서, 항상 설사 상태가 되어버리는 것과 마찬가지이다.

돈을 벌려면 자금계획, 사업계획도 확실히 해야만 하고 자신의 행운에 대한 관리와 위기관리도 해야 한다. 그런데 닥치는 대로 일이랑 사업을 벌려서는 돈을 벌어도 일시적이게 되고, 도로아미타불이 되어버리는 사람들도 있다. 이런 경우는 '돈의 골절병'이라 할 수 있다.

수입이 있어도 저축을 잘 못하는 사람이 있다. 재테크를 못하는 사람과 저축을 못하는 사람 역시 돈이 없다. 그런 까닭에 '돈의 간질환'이라고 말할 수 있다. 돈의 사용법이 나쁘고, 예금 배분이 잘 되어있지 않은 것이다. 이런 사람은 충동구매가 많고, 앞뒤를 생각하지 않은 채 소비를 해버린다.

또 내야 할 돈을 내지 않는 사람은 반드시 돈의 미움을 받고, 병과 사고와 불화로 인해 강제적으로 지출이 생겨 곤란하게 되는데, 이 또한 바르게 돈을 사용하지 않는 예이다. 내야 할 돈을 내지 않는 사람은 '돈의 신장병'에 해당된다고나 할까. 사람과 사회와 지구에 대해 공헌하지 않고, 이것들을 파괴해서 이익을 얻는 사람도 돈의 신장염에 걸릴 것이다.

수입이 적은 사람은 '돈의 폐병'에 비유될 수 있다. 수입이 적은 채 살아가면 해가 지날수록 가난하게 되어가며, 결국 호흡곤란이 되어 버린다.

돈을 벌기 위해 바삐 돌아다니는 데도 의외로 수입이 낮은 사람은 혈액순환이 안 되어서, 아토피 등 알레르기가 되는 듯한 것으로 이것은 '돈의 피부병'이라고 할 수 있다. 사는 데 쫓겨 시간이 없고, 피부는 거칠어지며, 신체는 엉망진창이 되고 일하는 것에 비해 가난한 상태가 계속 되고 있다고 할 수 있다. 신체를 혹사했음에도 불구하고 돈벌이가 신통치 않은 것이다.

인간관계를 잘못 하고 있는 사람은 스트레스가 쌓이거나, 금전의 낭비가 되어 나타난다. 결국은 돈이 정체상태에 빠져버린다. 그래서 쓸데없는 사귐에 의한 교제비가 많아져 돈이 낭비되고 줄어간다는 흐름이 일어난다. 현대인의 인간관계에서 오는 병이 요통이다. 실제로 요즘 많은 사람이 허리를 아파하고 있다. 마치 인간관계로부터 오는 '돈의 요통'이라 볼 수 있다.

그 외에도 자금 융통이 나쁜 사람은 '돈의 심장병', 정보를 잘 읽어 낼 수 없거나, 정보 활용을 못해서 돈을 벌 수 있는 찬스를 놓치는 사람은 '돈의 신경노이로제', 신용카드 빚에 쫓기고 있는 사람은 '돈의 에이즈병'에 비유할 수 있지 않을까?

하나하나 생각을 펼쳐가다 보면 이처럼 상당히 많은 사람이 돈에 관한 병에 걸려 있고, 빨리 낫고 싶다고 하면서도 바르게 치료하는 방법을 모르고 있다.

이러한 병적인 상태에서 탈출하기 위해서는 행동을 변화시켜야 한다. 행동하지 않으면 아무 것도 시작하지 않는 것이다. 예를 들어 몸이 아프면 의사에게 간다던지, 몸에 좋은 것을 섭취하는 등의 행동을 하지 않는 한 상태는 변하지 않는다.

요약하면 행동을 변화시키기 위해서 마음과 감정을 흔들 필요가 있다. 마음과 감정은 두뇌 시스템에 의해 기능한다. 우리의 두뇌 시스템은 매일 반복되는 라이프스타일에 의해 인스톨되어 있고, 프로그래밍 되어서 이미 습관화되었기 때문에 두뇌의 프로그램을 바꾸지 않는 한 병은 낫지 않는다.

이 프로그램을 바꾸는 전환적인 행동 변화를 일으키지 않으면 안 된다. 두뇌의 능력, 변화 의욕이 높은 사람이 지혜를 추구하는 높은 정신력을 가지고 행동의 변화를 일으킬 수 있다.

section 7

경제적 자유를 얻는 길

지금 우리 사회의 가장 심각한 문제점 중의 하나는 '격차가 크다.'는 것이다. 부유한 사람과 가난한 사람, 자신을 확립해가는 사람과 자신을 잃고 방황하는 사람 등으로 양극화되어 중간층이 거의 소멸해 버리고 없다.

그것은 단순히 소득의 차이뿐만이 아니라, 삶에 대한 의욕의 높고 낮음의 차이라고 바꿔 말할 수도 있다. 의욕이 저조하기 때문에 결과로서 얻어지는 소득이 오르지 않고, 자신이 생각하는 행복한 인생으로부터도 멀어져 버린다.

물론 그 중에는 의욕이 있는 데도 일이 잘 되지 않는다는 사람도 있을 것이다. 이런 경우 운이 매우 중요한 의미를 갖는다. 자신이 어느 쪽의 입장에 설지를 생각한 경우, 운이 매우 중요한 의미를 갖는다.

운에 대한 이해를 깊게 하고, 인식을 새롭게 해서 살아가지 않는 한 운에 농락되어 버릴 수도 있다. 자연재해, 테러, 대사고, 사건에 의해 사람들이 한꺼번에 죽는 예가 많다. 부자는 더더욱 부자가 되어 가고 빈곤층은 더더욱 절대 빈곤의 악순환을 계속하고 있는 실정이 되어 범죄에 쉽게 휘말려 들기도 한다.

격차는 더더욱 확대되어 갈 것이다. 90%의 사람들에게 있어서 불경기이고, 10%의 사람들에게 멋진 장래가 약속될 수 있는 그런 시대가 올지도 모른다. 예를 들면 10억 원의 돈을 10명이 소유하고 있다고 한다면 한 명이 10분의 9인 9억 원을 소유하고, 남은 10분의 일인 1억 원을 9명이 나눈다. 즉, 1인당 천백만 원 대 9억 원이 되는 시대가 될 수도 있다는 것이다. 지금 자신이 평범하게 살고 있는 사람이라면 행복과 불행은 표리일체, 대칭이 되어 나타난다. 좋은 일이 있으면 나쁜 일이 있다. 이를 마음에 잘 새기고, 운을 내 편으로 하는 것이 중요하다. 그런데 불운에 휩싸였을 때 경제력이 약한 사람은 더더욱 불운하게 되어버리기 쉽다.

'현재'가 언제나 어렵고, 중요한 시기라는 것을 이해해야 한다. 마음의 병을 포함하여 많은 사람들이 병에 걸려 있던지 발병 전의 상태일 거라 생각한다. 미국 맨하탄의 911 테러 사태나 20만 내지 30만 명이라고도 일컬어지는 희생자를 낸 수마트라 쓰나미, 미국 본토를 덮친 허리케인 카트리나, 파키스탄의 대지진 같은 자연재해에 의해 세계의 구석구석에서 사람들이 한꺼번에 목숨을 잃고 있는 이런 엄청난 시대에도 운이 좋은 사람은 반드시 있는 것이다. 운, 불운은 그 같은 예상외의 지점에 있어서 이론 등이 존재하지 않는다.

이러한 시점에서 엄청난 양극화의 격차사회를 살아가기 위해서는 운을 내 편으로 끌어들여 의욕과 두뇌의 파워를 높일 필요가 있다. 그것만이 자신의 잠재력을 펼쳐 실현하고 자유롭게 살기 위한 길이며, 자신의 경제적 자유를 확립하는 길이다.

사업에서 성공하거나, 부자가 되는 것이 자신의 행복은 아니라고 생각하는 사람도 있을 것이다. 하지만 돈이 없어서 행동이 규제를 받거나 자신의 뜻에 맞지 않는 일로 스스로를 잃어버리는 일을 어쩔 수 없이 하게 되는 것은 안타까운 실상이다.

돈 때문에 자신이 하고 싶은 것이 제한받지 않는 상태가 경제적 자유라고 생각한다. 배가 고프면 우선은 먹을 것을 주어야 한다. '나는 돈에 연이 없다'거나 '나는 돈 복이 없다'는 식으로 경제적인 병에 걸려있는 사람이 있다면 돈을 벌 수 있도록 변화시켜 주어야만 한다.

돈을 욕망이나 더러운 것으로서 부정하는 사람도 있지만 정말 그럴까? 돈이 있어야만 쾌적한 생활이 가능하고, 기쁨이랑 즐거움이 생겨나며, 그 속에서 사람다운 마음도 양성해 갈 수 있다. 보다 좋은 인생으로 만들어 가기 위해서는 좋은 경제 상황인 쪽이 쉽지 않을까? 돈이 없으면 매일의 생활에 쫓기고, 여유가 없게 될 것이다. 그만큼 마음까지도 가난하게 되고 번뇌가 생겨나 돈에 대한 집착심 때문에 타인을 상처 입히기 쉽다. 경제적으로 아프면 심신도 아파버리기 쉽다는 것이다.

가난이 인격을 저하시키고 많은 싸움을 낳는다는 것은 역사가 가르치는 부분이기도 하다. 빈곤에 의한 정신적 고통이 심신을 위협하고 범죄의 계기마저 된다. 가난 때문에 상처주고 상처 입는 사람이 없다고 할 수는 없다. 그러나 그것은 경제적으로도, 정신적으로도 풍부하게 된다면 상당수 피할 수 있다.

돈이 궁핍해서 곤란한 사람에게 금전에 대한 욕심을 버리라고 한다면 그 사람이 긍정적으로 받아들일까? 거의 대부분의 사람들은 바라는 것을 손에 넣어야만 욕구에서 빠져나올 수 있다. 우선 손에 넣고 그것이 필요가 있는지 없는지를 냉정히 끝까지 지켜보고 선택해야 집착을 버릴 수 있다.

원래 돈이란 더러운 것도, 깨끗한 것도 아닌 것 같다. 돈에는 생명이 있어서 다루는 사람의 의식에 의해 완전히 다른 것이 된다고 생각한다. 돈에 대한 의식이 그 사람의 생활 방식을 만든다. 의식이 낮은 사람의 인생은 파괴로 향하고, 의식이 높은 사람의 인생은 창조로 향할 것이다. 돈은 인간의 높은 의식과 공명할 때에 효과적으로 사용할 수 있는 것이 아닐까? 가난한 사람의 힘이 될 수도 있고, 사회에 공헌할 수도 있을 것이다.

원래 경제(經濟)라고 하는 말은 경세제민(經世濟民)이라고 하는 유교 사상에서 나온 말이다. 경세제민이란 '세상을 다스리고 백성의 괴로움을 구하는 것'이 본래의 뜻이기 때문에 경제라는 것은 공헌이며, 그 속에 들어 있는 뜻은 사랑이다.

그러므로 어떤 생각으로 경제 활동을 할 것인가라는 '마음'이 가장 중요하다. 높은 뜻이 필요한 것이다. 단순히 돈을 다룬다는 차원에서는 그 속에 사랑이 있을 리도 없고 질질 끌려가다가 망하게 된다. 여기서 말하는 사랑이란 '세상을 조금이라도 좋게 하고 싶다고 하는 생각'과 '사회적 약자를 돕고 싶다고 하는 생각' 등 인간이 태어나 가지고 있는 본질인 것이다.

급속도로 변화해가는 정보화 사회에서 그 변화의 리듬을 타면서 적응하여 나날이 새로워지는 인간으로 성공적으로 살기 위해서는 오래되고 부패한 것을 청소하고 사랑을 통해서 경제적 자유를 확립해야 한다. 어떤 싸움도 하지 않고 높은 의식을 가지며 바라는 결과 속에 있으면 된다. 그때 우리가 바라는 결과는 멀리 날아오르기 위한 에너지로 변하여 자신을 구원하고 남을 구원할 수 있는 경제적인 힘을 갖게 된다. 그리고 사회에 공헌하기 위해서 사랑의 표현으로서 돈을 활용할 필요가 있다.

사랑이 용해되어 있는 사람들의 '경제적 자유'는 각자가 자기답게 자유롭게 살고 자기 자신을 확립하는 것이다. 자유로운 정신(Spirit)을 가진 인간만이 사람들의 마음속에 불꽃을 타오르게 할 수 있다. 자유롭기 때문에 인간은 사랑할 수도 있다. 자유롭기 때문에 인생을 즐기는 것도, 일을 즐길 수도 있다. 그리고 그 사랑도 일도 자신을 높이는 것이 될 것이다.

그런데 지금 이 순간에도 사람들은 자신을 자유롭게 하는 것보다는 서로를 괴롭히면서 어울려 살고 있다. 더구나 어리석게도 우리들은 자기 자신과도 싸우느라 기를 쓰고 있다. 자신을 사랑하는 마음이 없이 자기 자신과 싸워서 어떻게 행복하게 된다는 것일까?

section 7

내 안의 성공인자 끌어내기

자신의 미래를 바라는 방향으로 이끌기 위해서는 무엇을 하면 좋을까? 중국과 그 영향을 받은 우리나라, 일본 등 동양권에서는 성공, 즉 자신이 바라는 결과를 얻기 위해서는 5가지 요소가 필요하다고 가르쳐 왔다. 우리의 집단적 무의식이라 할 수 있는 우리의 문화적·사상적 생활 배경에 근거하여 살펴보고자 한다.

타고난 선천적인 운명의 흐름과 자질을 안다.

우리의 생활 속에는 은연중에 숙명론이 자리잡고 있어서 자유 의지를 부정하는 결정론을 믿는 사람들이 상당히 있다. 그러나 결정론이 사실이라고 인정하더라도 무엇을 해야 하는가를 생각할 필요도 없이 산다는 것은 아니다. 실생활에서 우리는 여전히 심사숙고할 필요가 있고 거기에 비추어 결정을 내린다. 우리가 실제로 취하는 조치

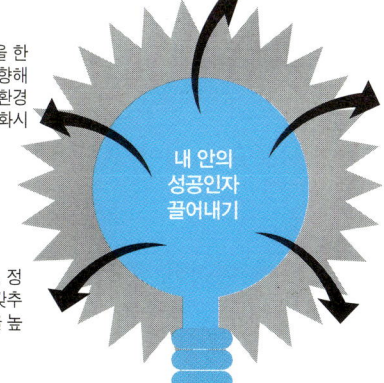

가 사고와 결정에 의존하는 한 우리는 자신의 미래에 대해 결코 무력하지 않은 것이다. 어떤 면에서는 수명처럼 우리 자신의 통제를 넘어서서 미리 운명 지어져 있을 수도 있다. 하지만 타고난 운명에 자신을 맡겨버리지 않고 타고난 운명의 싹을 실현시키는 노력의 일환으로서 할 수 있고 해야 할 것으로 생각하는 것에 도전해야 한다는 관점으로 운명에 접근해보자.

태아가 출생한 순간 아기가 행하는 가장 중요한 행위는 호흡이다. 만약 태어난 순간에 호흡이 시작되지 않으면 그것은 생명의 죽음을 의미한다. 즉, 태어난 순간에 아기의 첫 울음이 그 최초의 호흡이며, 그것은 또한 새로운 생명이 완전히 미지인 밖의 세계와 접촉하는 최초의 기회가 된다.

모친과 태아는 완전하게 격리되고, 한 개의 독립한 생명체로서 태아는 탄생한다. 그것은 또한 새로운 생명의 시작인 동시에 '새로운 운명의 시작'이기도 하다. 그 최초의 생명작용이라고 하는 것은 우선 "호흡에 의해서 시작된다."는 것이다. 그 최초의 호흡에 의해서 아기가 얻는 것은 현대 과학적으로 보면 단순한 공기이며, 성분은 산소나 질소이지만, 이외에도 매우 중요한 것이 포함되어 있다고 생각할 수 있다.

고대 인도의 철학에 의하면 이러한 생명에너지를 힌두어로 '프라나'라고 부르며, 중국의 철학에서는 '기'라고 부른다. 생명에너지는 인간이나 대자연의 생명력 그 자체로 생명을 유지하는 중요한 역할을 담당하면서 만물의 진화에 깊게 관계되어 있다고 한다. 그리고 인간은 이 생명에너지를 호흡으로 취하고 있어 자기의 생명을 유지하고 있다. 호흡에는 이러한 중요한 기능이 감춰져 있기에 운명을 해명하는 중대한 실마리가 존재하고 있다고 생각할 수 있다.

이 세상에 태어나는 순간, 최초의 호흡으로 체내에 들어온 생명에너지에 의해 자극을 받아 개인의 운명이 시작되고, 천체의 운동으로 생긴 시간의 흐름과 동시에 변화하면서 그 변화한 기분의 패턴 상태가 무의식에 축적되어 경험이나 기억 등 정신작용이 '마음'이라고 하는 통합된 의식으로서 생겨난다. 그래서 실제로 우리 자신이 스스로 지각하는 세계가 만들어지고, 그것들이 바로 개개인의 운명이라고 생각할 수 있는 것이 아닐까?

이렇게 태어나서 생명에너지의 첫 호흡을 하면서부터 인간은 누구나 자신의 운명이라는 것을 가지게 된다. 선천적인 운명이란 '타고난 가능성'을 의미하는 개인의 인간 설계도이며, 삶의 과정에서 만나게 되는 운이 머물러 있는 시스템이라 생각한다. 즉 운은 운명으로 타고난 가능성이 열려가는 과정에서 만나게 되는 상황이다. 어떤 사람이든, 이 운명의 파도에서 도망갈 수 없다. 그것은 한 국가의 수장이든, 장관이든 모두 똑같다. 살아있는 사람 모두에게 운명이 있는 것이다.

이와 같은 운명시스템 속에서 살고 있는 사람 중 만약 도망칠 수 있다면 도망치고 싶다고 생각하는 사람도 있을 것이다. 하지만 도망칠 수 없다면 적어도 조금만이라도 운명을 좋게 하고 싶다고 생각하는 것이 본연의 소망일 것이다.

운명시스템이란 우리의 무의식적 심리구조와 연관되어 있다. 간단히 말하자면 이 무의식 속에 개인의 재능과 능력, 성격, 기질 등이 머물기 때문에 운명의 기반은 이 무의식 속에 있다.

우리의 내면적 정신세계와 접목될 수 있는 운명적 소명(召命 Calling)을 깨닫는 것도 깊은 무의식으로부터의 자각에서 나온다는 것이 그 증거이다. 이러한 우리의 무의식 속에 자리잡고 있는 운명을 깨닫고 타고난 가능성을 실현하는 것은 바로 우리 자신들의 노력에 달려 있다는 것이 이미 2300년도 더 이전에 중국의 사상가인 맹자의 '진인사대천명(盡人事待天命: 사람의 일을 다하고 하늘의 명을 기다린다)'이라는 가르침에서도 잘 나타나 있다. 똑같은 식물의 싹도 토양의 비옥도가 다르고 비와 이슬의 내림이 다르며 인간의 노력하는 양이 다르다면 겉모습과 결실이 다르게 나타날 것은 당연한 이치다.

성공한 사람과 성공하지 못한 사람을 비교해 본다면 외적인 면에서 무엇이 다를까? 얼굴이 잘 생겼을까? 반드시 그렇다고는 할 수 없다. 인간의 외견은 모두 비슷하다. 단지 조금 체중이 더 나가는가, 덜 나가는가, 키가 큰가, 작은가 등 자세한 생김새가 다르게 보일 뿐 큰 차이는 없다. 오히려 개개인마다 가지고 있는 재능, 능력, 성격, 기질 등은 크게 다르다. 그리고 태어나고 자란 물리적 환경과 인적 환경이 다르다. 사실 우리의 선천적인 재능, 능력, 기질, 부모 환경, 물적 환경 등은 우리 스스로에게 부여된 운명시스템의 고정요소인 것이다. 운명시스템은 볼 수도 없고, 보이지도 않는 내면 마음에 따라 각자 다른 운명의 가능성을 만들고 펼쳐나가는 데에 지대한 영향력을 가지고 있다. 운명과 마음 구조와의 상관관계는 바로 여기에서 상당히 높아질 수 있다.

우리의 마음에 영향을 미치는 것은 실로 무한히 많이 있다. 예를 든다면 성장한 지역의 환경, 국가 체제, 부모의 영향, 학교 교사의 영향, 친구의 영향, 형제의 영향, 당시의 교육 환경 등 셀 수 없을 정도이다. 이처럼 우리의 마음에 영향을 미치는 외부 세계의 요인들을 모두 고려하면 인간에 관한 모든 것이 운명시스템 속에 속한다고 볼 수 있다.

운명시스템을 연구하는 것은 그런 환경적인 요소를 넘어서 개인의 차이를 만들어내는 요소를 분석하는 것, 즉 개성을 만들어내는 원리를 탐구하는 것이라고 할 수 있다.

사람의 운명을 전개시켜 가는 마음의 구조를 분석하고, 그 구조를 응용해서 운명을 개선해가는 방법을 개발할 수 있다. 누구나 꿈과 희망을 가지고 그것을 향해 살아가고 있지만 그것을 실현할 수 있는 구조는 이미 운명시스템이라는 인간 설계도 속에 있는 것이다. 예를 들어 집을 지을 때에 설계도를 그리는 것처럼 인간 설계도는 유전자로 쓰여 있으며, 설계도 속에 존재하지 않는 유전자는 일어나지 않는 것이라고 생각해 보자.

우리들의 유전자는 양친과 조부모, 그보다 훨씬 더 먼 조상들 때부터 만들어졌을 것이다. 그 위에 지금까지 경험해 왔던 것과 이제부터 경험하는 것 모두가 설계도 안에 있는 유전자에 쓰여 있고, 우리들이 낳은 자녀들의 유전자로 이어져 나간다.

인생의 설계도에 존재하지 않는 유전인자가 돌연 나타나는 일은 없다. 실패해서 죽으면 실패한 유전자를 진하게 해서 자식들은 태어날

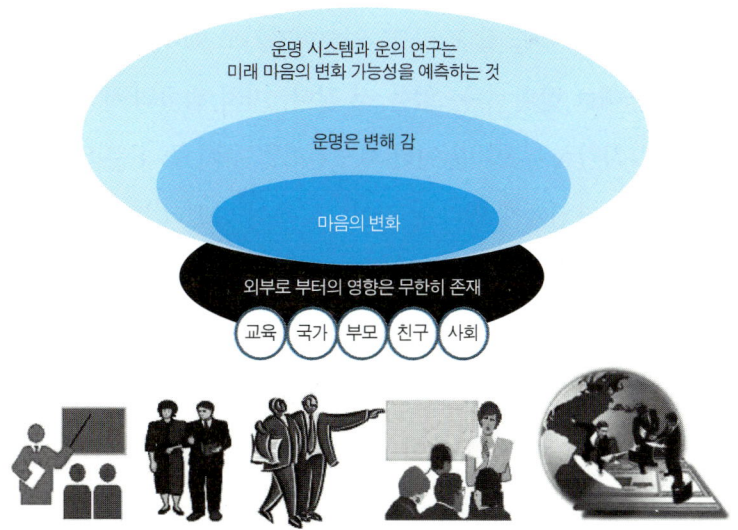

지도 모른다. 행복하게 살고 '감사하다'라고 말하고 죽는다면 행복함에 감사할 줄 아는 자식이 태어날 것이다.

강한 스트레스를 받으면 인간 설계도는 상처를 만들어 유전자에도 상처가 만들어지며, 아픔이 붙게 되어 암에 걸리거나 일을 실패할 수도 있는 설계변경이 생겨버리는 것이다. 주위에서 삶이 유전되고, 질병도 유전되는 집안을 보면 이러한 사고의 전개가 더욱 당위성을 갖게 된다.

운의 정체를 알고 후천적으로 운을 조정하며, 개운해서 행운을 계속 가질 수 있도록 노력하는 행동을 한다.

지금 같은 격동의 시대에는 거대기업의 파탄이나 경제적 거인의 퇴진 등도 단기간에 볼 수 있는 현상이 되었다. 이러한 현상에 대해 '그 사람은 운이 좋았다'거나, '운이 나빴다'라고 하고, '그 기업은 운이 없었다'거나, '시류를 잘 탔다'고 일컬어지기도 하지만, 이른바 '운'이라는 것을 빼고 말할 수는 없을 것 같다. 마치 점술의 세계에서 말하는 것으로 착각하는 이 '운'이란 무엇일까? '운이 좋다'는 의미는 바람직한 상황이 자신에게 있다는 것이고, '운이 나쁘다'는 의미는 바람직하지 않은 상황이 자신에게 있다고 해석할 수 있다.

운은 우리의 의식을 우리 자신도 모르게 변화시킨다. 운이 바뀌면 의식이 변화한다고 말할 수도 있는 것이다. 그 결과 의식이 변화하면 그 사람은 지금까지의 그가 아닌 것처럼 변화가 일어난다. 좋은 운이 되었다고 할 때는 그 사람의 의식이 변화해서 지금까지와는 다른 우수한 능력이 발휘되고, 더 많은 성과를 얻게 될 것이다. 그 반대로 나쁜 운이 되었다고 한다면 지금까지와는 다르게 있었던 능력을 발휘할 때에도 실수를 하게 되거나 성과가 기대보다 저조하게 될 것이다.

이와 같은 현상은 실은 누구에게나 빈번히 일어난다. 자기 자신의 역사를 되돌아본다면 유·소년기부터 같은 성격, 같은 능력, 같은 재능이 아니라 조금씩 변화하고 있음을 알 수 있다.

이러한 의식의 변화는 다양한 운명의 인생 드라마를 만들어 내는 원천이 되며, 실제의 현상으로서 경험할 수 있다. 시간의 흐름에 따라 변화하는 운을 알아차리지는 못했지만 삶을 체험해오면서 우리의 의식도 변화해왔고, 행동과 감정, 사고방식과 함께 인격이 성장했다.

외부세계를 인식해 사고하는 마음의 기능인 의식은 운과 깊은 관계가 있다. 운이 곧 의식의 변화를 의미하고 있는 것이다. 의식의 변화는 '운'이라고 불리는 의식 에너지의 변화와 관련하여 생긴다.

그러나 일반적인 개념으로 생각한다면 의식의 변화는 외적인 영향에 의해 초래된다고 많은 사람은 생각할지도 모른다. 예를 들면 그 사람이 처해져 있는 환경으로서 그 사람이 놓여 있는 장과 대인관계라든가, 시대의 흐름이라든가, 그 사람의 환경적인 요인이 확실히 의식의 변화를 일으키는 큰 원인이 되는 것은 확실하다. 그러나 의식을 변화시키는 요인은 그 사람의 내적 차원에도 존재하고 있고, 사전에 진행되고도 있다고 생각한다.

그러니까 우리가 보는 실제의 외적 현상이란 내적 변화의 결과로서 생긴 현상이며, 그 이전에 심리적인 영역에서 그 자신에게 큰 의식의

시간에 따라 변하는 운 ▶의식의 변화

변화가 선행해 일어나고 있었다고 보아야 한다.

지금까지 비교적 순조롭게 일하고 있던 어떤 사람이 큰 문제에 직면하게 되어 문제를 해결해야 하는 경우, 그 문제에 대해서 시대와 사회의 흐름을 읽고 현상을 세밀하게 분석하고 모든 리스크나 가능성을 고려한 후에 그 문제에 유연하게 대처해야 한다. 그런데 이를 할 수 없게 되는 최대의 원인은 그 사람의 의식 상태가 변화했기 때문이다.

예를 들어 활을 쏘아서 맞지 않으면 자신의 활쏘기 자세를 반성하는 것이 먼저인데, 활을 탓하는 등 남의 탓으로 돌리면서 자신을 뒤돌아보지 못할 정도로 사고가 경직되어 버린다.

요컨대 운이 나쁜 경우라면 그 사람의 의식 상태는 이전과 달리 유연하게 해결할 수 있던 여러 문제도 냉정하게 분석하지 못하고, 시류나 상황으로부터 빗나간 판단착오가 생길 수 있다. 그리하여 결국은 그 자신이 놓여 있는 환경이 더욱 더 괴롭게 될 것이다.

그러나 그 와중에 있는 사람은 이러한 의식의 변화라고 하는 내적인 원인을 모르기 때문에 괴롭게 되어가는 환경이 어디에서 오고 있는지는 전혀 모른다. 그래서 때로는 주위에 책임을 전가하여 주변 사람이나 환경을 탓하거나 매도하면서도 스스로의 의식이 변화했다고는 전혀 눈치 채지 못한다.

운은 의식 속에 있다.

위기의 시기에 있어서 운의 다름이 명암을 가른다.	
운이 나쁜 사람	운이 좋은 사람
목표가 다르다 경직된 사고 불안증대 가장 나쁜 결단	새로운 발상 검토 여러가지 회피 수단 검토 유연한 식견과 통찰

이러한 의식의 변화라고 하는 것은 모든 사람에게 일어날 수 있는 현상으로서 원인도 없이 성격과 사고방식을 중심으로 그 인격이 급변해간다. 예를 들면 지금까지 학업 성적이 우수했던 학생이 원인도 알지 못한 채 이른바 은둔형 외톨이 증상을 보이며 방에 틀어 박혀 등교 거부를 하게 되었다든가, 건강하게 일을 하고 있던 사람이 돌연 회

사를 그만두고 증발했다거나, 사이가 좋았던 부부가 갑자기 험악한 사이가 되었다는 등 원인도 분명치 않은 듯한 괴이한 현상이 실제로 생기는 사례들을 종종 목격하곤 한다.

특히 내향적인 성향의 사람인 경우 쌓여있는 스트레스가 무의식에 가득 차서 갑자기 폭발하게 되는 사건을 일으키는 일도 주변에서 종종 경험할 수 있다. 이것은 무의식의 외침과 같은 것이다.

운명시스템에서는 이러한 의식의 변화를 운의 변화라고 생각했고, 그것은 주기적인 사이클에 의해서 움직인다는 것을 알고 있었다. 초자연적인 것도 아니고 과학적으로 설명할 수도 없는 것이기 때문에 아마 현대의 과학자는 이러한 설을 부정할지도 모른다.

이러한 의식 변화의 수수께끼를 한층 더 깊게 해명하려면 현대 과학에서 완전히 무시되고 있는 고대나 중세의 지식인들이 낳은 철학이나 종교, 운명론의 지식 안에 중대한 힌트가 존재한다고 필자는 생각하고 있기 때문에 광대한 의식세계의 수수께끼에 도전하고 있는 것이다.

운의 변화, 즉 '의식의 변화'라고 하는 현상은 현실적으로 광범위하게 확인되고 있으며, 그 당사자의 지금까지의 인과관계에서는 전혀 해명할 수 없는 불가해한 현상 등에도 실제로 응용할 수 있기 때문에 새로운 의식의 이론으로서 꽤 유효하다고 생각한다.

그러한 '운'의 존재가 있는 것을 안다면 '운'이라고 하는 것은 도대체 어떠한 구조일까? "운이 곧 의식"이고, 운의 작용은 의식 작용 그 자체라고 한다면, 의식이라는 것의 과정이나 구조를 해명해 나가면 운의 작용이라는 것도 해명할 수 있지 않을까?

성공과 돈과 행복을 손에 넣고 싶다면 무엇보다도 운을 자기편으로 만드는 것이 필요하다. 운을 끌어들여 관리하는 것이 중요 포인트이다. 우리는 대개 부자들은 운이 좋다고 느낀다. 부자들은 의식적이든 무의식적이든 자신들의 운을 언제나 관리하고 마음에 담아두고 있다는 것은 널리 알려진 비밀이다.

여기서 운에 대한 개념 정의를 할 필요가 있다. 정보를 가진 보이지 않는 기(氣)가 바로 운이라고 할 수 있다. 즉 정보에너지라고 볼 수 있다. 그것을 역으로 생각하면 자신이 달성하고 싶은 정보를 지닌 '기'를 자신의 삶 속에 넣는다면 개운(開運)할 수 있을 것이다. 어떤 운이 필요한가? 어떤 정보를 가진 운을 바라는 것인가? 아무런 운이든 좋다고 하면 안 된다. 목적이 명확하지 않으면 개운할 수가 없다.

운은 행운, 그리고 불운의 전조로서 나타날 수 있다. 좋은 일이나 나쁜 일이 일어나기 전에는 어느 쪽이든 반드시 전조가 있다. '운이 좋다'는 의미는 바람직한 상황이 자신에게 있다는 것이고, '운이 나쁘다'는 의미는 바람직하지 않은 상황이 자신에게 있다는 것이다.

개운이란 운명으로 타고난 가능성이 열려가는 과정에서 여러 가지 형태로 자신의 잠재능력, 자신이 알지 못했던 가능성이 움직여 나가도록 하는 것으로서 이것은 '깨달음'뿐만 아니라 타고난 가능성이 좋은 방향으로 움직여 가는 상황을 만들어 가는 것과 관계가 있다.

운명은 좋은 운, 즉 행운이라고 하는 것을 만나지 않으면 충분히 개화할 수 없는 것이다. 운이 좋은 사람은 불행을 행운으로 바꾸어 불가능을 가능으로 변화시키고, 위기를 기회로 바꾸어 놓기도 한다. 자신의 운명과 행운을 관리한다고 생각한다면 일이 진행되는 방향과 환경을 조절해서 기의 흐름을 좋게 하는 것을 반드시 고려해야 한다.

대부분의 사람은 지금까지 운이 좋았다거나 나빴다고 생각한 일이 틀림없이 있다고 생각한다. 그러나 운에 관해서 현대과학은 완전히 무력한 것이나 다름없다. 예를 들면 병원에서의 오진과 수술 실수 등이 꽤 많다. 운을 관리한다면 피할 수 있었던 사건과 사고도 많이 있을 것이다. 운은 확실히 자신의 미래에 관계되어 있다. 게다가 인생이 지배당하는 일도 있다.

이 불가사의한 힘을 느끼는 사람과 완전히 둔감한 사람이 있다. 지금 자신은 운이 좋은 것보다 나쁜지, 자신의 인생에서 무엇이 일어나고 있는 것인지를 알 수 없다. 그래서 느낀다고 하는 것은 마음 전략, 행동이 관계된 것이다. 그러므로 운을 느끼는 일이 가능할 수 있도록 되어야 한다.

마음이 가는 바인 '뜻(志)'을 한결같이 하여 정한 목표를 향해 좋은 기(氣)가 움직이도록 환경을 조정하여 좋은 운을 강화시킨다.

동양 사상에서 뜻(志)은 '마음이 머무는 바'라고 하고 뜻을 세운다는 것은 목적과 이상을 세운다는 것을 의미한다. 맹자는 좋은 기를 길러야 함(養氣)을 강조하고 흔들리지 않는 마음(不動心)과 일종의 정신력인 호연지기(浩然之氣)에 대해 가르침을 주었다.

부동심이란 인간의 감정 중 가장 절제하기 어렵다는 두려움을 없게 해주는 용기(勇氣)이며, 호연지기란 미리 성급한 기대도 하지 않고 억지로 조장하지도 않으면서 심지(心志)를 안정시켜 점진적으로 나아간다는 것이다. 마치 물이 흘러가면서 곳곳의 웅덩이들을 채운 후에 계속 흘러서 마침내 바다로 나아가듯이 꾸준히 노력하는 정신인 것이다.

사람들의 의식 속에서 이러한 기운이 일어나게 하는 환경 또한 중요하므로 기가 좋은 곳에서 일을 하고 생활하는 것도 개운에 효과적이라고 한다. 그러한 이유 때문에 옛날부터 풍수를 매우 중요하게 여겼고 오늘날에도 중국에서 풍수가 대유행을 하고 있다. 한 예로 현관과 거실에 변화와 색채로 움직임을 주면 거기서 좋은 인간관계가 생기고 기쁜 일이 증가되며, 협력자와 후원자도 증가된다는 것이다.

풍수이론을 활용해서 방의 배치, 집의 방향과 도로의 위치, 문과 현관의 위치를 생각하는 것이다. 또한 최근에는 세계적인 추세로 풍수 인테리어가 유행이어서 커튼 색깔이나 방의 아이템에 이르기까지 세세한 것에도 활용하고 있다.

이와 같은 주거환경 개선에 의해 정말로 운을 개선할 수 있는 것일까? 방 배치의 좋고 나쁨에 의해 운을 불러들일 수 있다는 것은 마음이 외부 세계의 영향을 받기 때문에 함부로 경시되어서는 안 될 요인이다.

예를 들면 색이 인간에게 미치는 영향은 비교적 잘 알려져 있다. 파란색을 보면 시원한 느낌이 들고, 오렌지 계통의 색은 따뜻한 느낌이 든다. 형태 또한 인간에게 영향을 미친다. 네모난 모양, 세모난 모양, 둥근 모양은 누구에게나 모두 다른 느낌이 들게 한다. 이와 같은 지식을 집이나 방 배치 속에 응용한 풍수이론도 전혀 부정할 수는 없는 부분이다.

풍수에 관해 관심을 갖고 몇 권의 책을 읽어본 적이 있지만, 그러한 책들 속에는 "목적에 맞는 기가 아니면 개운이 될 수 없다."고 써진 책은 하나도 없었다.

그러나 자신의 목적과 환경과의 공명현상에 의해서 좋은 운이 생겨난다고 한다. 좋은 기가 자신과 공명하지 않으면 결코 자신의 것이 되지 않는다. 자신이 발산하는 기 즉 아우라(aura)가 낮으면 낮은 수준의 운과 공명해 버릴 수도 있다. 자신이 발산하는 기가 높은 수준에 있으면 높은 것과 공명한다. 마음 상태가 미래를 결정한다. 그러므로 자신의 인생을 성공시키고 싶다면 사고 자체를 성공하는 높은 수준으로 변화시켜 가야 한다.

일, 가정, 건강, 경제 등 여러 가지 세상사에 있어서 원하는 것과 자신이 공명하지 않으면 개운하지 않는다고 한다. 그러므로 자기 자신의 인생의 질과 생활의 질을 높일 필요가 있다. 나쁜 환경에 있으면 기분이 나쁘고 목적을 달성해내기 힘들기 때문이다. 즉 자기 자신의 질과 장(場)의 질이 공명하지 않는다는 것이다. 운이 나쁜 사람과 운이 좋은 사람이 함께 있으면 나쁜 운의 기를 꺼준다. 운이 좋은 사람들이 함께 일을 하고 있으면 행운이 길게 이어져 가서 결코 놓치는 일이 없다.

그러므로 운이 좋은 사람과 네트워크를 만들어 가는 일이 중요하다. 만약 지금 운이 좋지 않다고 생각이 되면 일을 할 때 지금 운이 강하다고 여겨지는 사람과 한 패가 되는 전략을 세우는 것도 바람직할 것이다.

또 두뇌를 활발하게 움직이기 위해서도 환경에 투자를 해야 한다. 집에 돈을 사용하는 것은 대단히 중요하다. 아름다움을 창조하는 것, 아름다운 것, 가능한 한 최고의 것, 자신의 마음을 빼앗는 것에 관심을 갖는 것은 중요하다. 그러한 것들과 초일류의 것들을 집에, 그림에, 차에, 그리고 몸 가까이 두는 것은 아름다움의 의식을 연마해주고 의욕을 높여주기 때문이다. 본인 자신의 의식이 높아지고 좋은 일이 있을 것 같은 느낌이 든다. 그 결과 회사 수입이 늘고 자신의 소득도 늘어나게 될 것이다.

우리의 무의식 속에 박혀 있다고 하는 것 중 하나는 습관이다. 감정은 사고 시스템에 기초하므로 무의식에 박혀 있는 습관에 근거를 두고 있다. 그래서 결과를 바꾸고 싶다면 행동을 바꾸어야 하고, 행동을 바꾸고 싶다면 감정을 바꾸어야 한다.

의식의 힘은 얼마 안 되기 때문에 대부분의 행동은 무의식에 박혀 있는 현상의 결과이다. 다시 말하면 무의식 속에 박혀 있는 습관화된 감정을 바꾸어야만 행동을 바꿀 수 있고, 행동을 변화시켜야만 원하는 결과를 끌어낼 수 있다는 것이다.

우리의 사고를 지배하고 있는 것은 무의식 속에 들어 있는 프로그램이다. 사고는 감정을 낳고, 감정이 힘을 갖게 되면 행동이 변한다.

행동을 결행한 후 얻는 것이 결과이다. 때문에 자신이 바라는 결과를 가지고 싶다면 행동해야 한다. 또 행동을 지배하고 있는 감정은 사고에서 일어난다. 마음의 움직임과 감정은 두뇌의 사고 시스템이라 할 수 있다. 의욕이 없다든가, 감정이 솟아나지 않는다면 그 사람은 행동하지 않는다.

우리의 두뇌 사고 시스템을 지배하고 있는 것은 무의식에 있고, 무의식은 프로그램을 변화시키지 않으면 아무 것도 변하지 않는다. 우리는 때로 그 사람이 어느 나라 출신인지, 또는 어느 지역 출신인지도 중시할 때가 많다. 그것은 환경이 가진 정보를 알기 위한 것이다.

해변에 살았던 사람들, 농촌에 살았던 사람들, 도시에 살았던 사람들마다 무의식 속에 박힌 정보는 틀리다. 그 지역을 안다고 하는 것은 지형을 안다고 하는 것이고, 과거부터의 라이프스타일을 안다고 하는 것이다. 라이프스타일이 생각과 행동의 시스템을 만들고 있기 때문에 내용을 알아보고 라이프스타일에 맞는 접근방법을 하는 것이다.

또 어렸을 때, 어떤 환경에서 어떻게 자랐으며 어떤 사람들과 관련되어 어울려 왔는지를 살펴보면 그러한 정보에 의해 두뇌의 사고 시스템이 만들어지고, 그 사고는 무의식의 프로그램에 짜여 들어가 있음을 알 수 있다. 어릴 적부터의 체험이 전부 입력되어 그것에 기초를 두어 프로그래밍 되어 있다는 것이다. 그러므로 무의식의 프로그램을 바꾸지 않는 한 결과는 바뀌지 않게 된다.

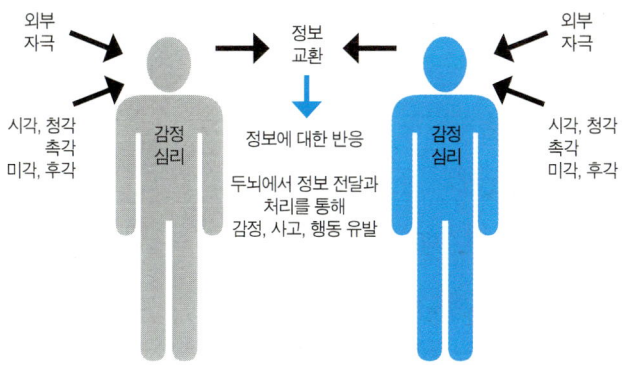

신체와 마음은 상호 연결되어 있다.

"행복한 인생이라는 것은 행복에 가득 찬 행동의 결과에 있다."는 말이 있다. 결과를 바꾸고 싶고 현상을 바꾸고 싶다고 생각하고 있는 사람은 어떻게 하면 좋을까? 지금보다 더 행운을 얻고 싶고, 더 근사한 일을 하거나 성공도 하고 싶다면 어떻게 해야 할까?

그러기 위해서는 프로그램을 바꾸는 것이 급선무이다. 두뇌는 컴퓨터와 같다. 컴퓨터는 프로그램을 바꾸지 않는 한 출력시키는 내용은 같다.

우선 프로그램을 바꾸어야 한다고 깨달았다면 도대체 자신에게 어떤 프로그램을 짜서 채워 넣을 것인지가 문제가 될 것이다. 한 가지 예를 들면 과학적인 측면에서 게놈(genome)프로젝트로 어떤 유전 정보를 가진 염기서열이 존재하는지를 밝혀내 일종의 유전자 지도를 알아낼 수 있다.

그렇게 되면 지금까지 불치병이라 알려져 있는 암이나 치매 같은 병도 형질이 안 좋은 유전자를 정상적인 유전자로 교체시키는 프로그래밍을 하여 치료할 수 있고, 더 나아가 유전자 조작 프로그래밍을 통해 사전에 발병을 예방할 수도 있게 한다는 것을 연상할 수 있다.

인간 유전자 8만 개의 유전자 동정을 파악하고, 인간의 DNA를 이루고 있는 화학적 염기배열을 결정하고 DNA배열 구조를 판독하여 고혈압 유전자가 있거나 암 유전자 등을 식별해 낸다.

더 나아가서 대대로 이혼하는 경향이 있다든가 부모도 형제도 서로 미워하는 성향도 유전자 속에 정보로서 계승되고 있음을 밝혀낼 수 있을지도 모른다. 그 정보를 식별해 내서 각 유전자가 갖는 기능의 차이를 알아내고, 각자의 유전자에 따라 인간의 질병을 치료하고 새로운 인간의 장기를 만들어 낼 수도 있는 프로그래밍을 할 가능성이 크다.

동양에서는 그 프로그램을 바꾸는 수단의 하나로 풍수학 이론을 활용하여 환경을 프로그램하고 있다. 좋은 결과로 변화시키고 싶다면 우리들을 프로그래밍한 환경을 변화시켜야 한다는 것이다.

어떤 환경에서 생활하는가는 대단히 중요한 것이다. 환경을 변화시키는 방법은 풍수만이 아니라 그 사람이 좋은 인생으로 나아가기 위한 프로그램이 있는지 어떤지, 스스로의 의사로 재 프로그래밍해 가면서 즉시 행동을 바꿀 수 있다. 이 모든 것들에게 영향을 미치고 있는 것이 환경, 즉 장(Field)이라는 것이다.

부자가 되고 싶다면 부자와 함께 어울리고 건강해지고 싶다면 건강이 좋은 사람과 같이 하는 것도 한 가지 방법이다. 건강한 사람과 함께 어울리면 자연스레 웃는 얼굴이 나올 수 있을 것이다. 성격이 어두운 사람과 함께 있으면 마음이 무거워지므로 누구와 생활할까 하는 것도 대단히 중요하다.

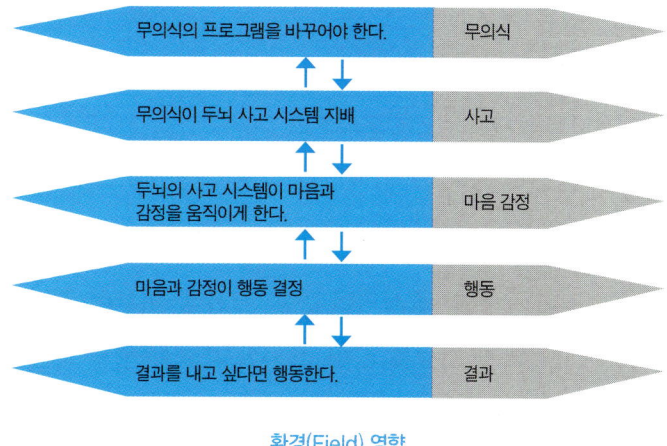

환경(Field) 영향

자라난 환경에 의해서 억압받고 있는 사람들도 우리 주변에는 상당히 많다. 질병의 첫 번째 원인이 되는 것은 억압이다. 많은 질병이 그 사람의 감정과 강하게 결합되어 있다는 것은 부인할 수 없는 사실이다.

어떤 감정을 가졌는가에 따라 행동이 달라지기 때문에 감정은 비즈니스에서 성공할지 어떨지에도 관계가 있다. 기쁨, 즐거움과 같은 자연스런 감정을 억압하고 있다면 세로토닌과 도파민과 이스타 호르몬의 분비가 점점 저하되고 뇌기능도 저하되어 버린다. 그렇게 되면 좋은 아이디어가 떠오르지 않게 되어 성공할 수 없다.

또 비판하거나 불평불만만을 말하고 있으면 부정적인 성향의 사람으로 낙인 찍혀서 누구도 가까이 하려 하지 않을 것이며, 당연히 찬스도 잡을 수 없다. 반대로 행운이 함께 있으며 부자를 언제나 축복하고 있다면, 곧 자신도 그렇게 될 수 있다.

부자가 되려면 부자들의 사고와 습관을 자신에게 넣는 식의 모델링이 중요하다. 옛날 중국의 고사 성어에 "주홍을 가까이 하면 붉어진다."는 뜻의 근주자적(近朱者赤)이라든가 "먹을 가까이 하다 보면 자신도 모르게 검어진다."는 뜻의 근묵자흑(近墨者黑)이라는 말은 사람이 주위 환경에 따라 변할 수 있다는 것을 비유한 말이다.

예부터 이러한 속담이 중시되어 왔던 이유를 미루어 짐작해 보면 부자나 성공한 사람과 사교를 하면 자신의 사고와 행동 습관도 그들과 똑같은 것으로 변화시켜 가도록 모델링하는 것이 가능하기 때문이다. 그러면 성공한 사람의 사고와 습관을 형성하고 있는 것은 환경이라는 것을 깨닫게 될 것이다.

환경이 사람에게 지대한 영향을 미쳐 범죄자도 만들고 성공한 사람, 경제적 약자도 만든다고 하지만 실제로 소득이 높은 사람이 사는 지역과 그렇지 않은 지역이 있고, 두 지역의 환경적 분위기가 다르다는 것은 분명히 누구나 인정하는 자명한 사실이다. 소득수준이 높은 사람이 모이기 쉬운 장소와 소득이 낮은 사람이 모이기 쉬운 장소가 있을 뿐이다. 그것이 환경의 힘인 것이다.

이렇듯 환경에 의해서 사고의 시스템은 프로그램 되어간다. 환경이 마음에 영향을 미쳐서 두뇌를 변화시켜 간다는 의미이다. 또 마음은 환경을 활용하여 두뇌를 바꾸어가고, 환경이 두뇌를 프로그래밍한다. 두뇌에 프로그래밍 시킨 데이터는 무의식적 행동으로 나타난다. 무의식에 프로그래밍 시키고 무의식적으로 행동하도록 하여 습관이라는 것이 되게 한다. 그것이 바로 습관화된 행동이다. 풍족한 생활이 데이터로서 프로그래밍 되어 있으면 무의식적으로 풍부한 행동을 취할 것이다. 그 결과는 풍부한 인생이 될 것이다.

행복한 인생이란 '행복으로 가득 찬 행동'의 결과이며 성공이란 성공하는 습관의 결과라고 했다. '행복으로 가득 찬 행동'과 성공습관을 유발하는 것은 행복으로 가득한 환경이다. 두뇌시스템과 데이터를 변화시켜 행동을 바꾸고 습관을 바꾼다고 하는 방법이 NLP심리학의 접근이다. 성공습관을 컴퓨터에 비유한다면 '응용프로그램'이 된다. 성공의 '응용 프로그램'은 장과 환경에 의해서 만들어지기 때문에 풍수를 이용해서 두뇌(컴퓨터)에 성공습관(응용프로그램)을 인스톨하면 많은 노력을 필요로 하지 않고 성공을 향해서 전진할 수가 있다.

자아의 역량을 강화시키고 정체성과 사명감, 리더십을 갖추고 더불어 살아가는 능력을 높인다.

과거에 운이 좋았어도 그 이후 10년, 20년 불운이 이어져 '아~! 옛날이여!' 만을 돌아보고 있는 사람과는 절대 같은 집단이 되어서는 안 될 것이다. 스포츠 선수들의 경우를 예로 든다면, 전에는 활약상이 대단했는데 지금은 전연 아니라고 하는 사람이 있다. 그것은 과거가 행운이었다는 것이고 지금은 아니라고 할 수 있다.

그러나 성공 체험이 있는 사람은 반드시 부활할 수 있다고 한다. 재차 운을 불러들일 수 있다는 것이다. 그러므로 성공 체험을 지니고 있지만 현재는 최악이라고 하는 사람의 경우는 비교적 빨리 운을 가져오는 일도 가능하다. '미국 부동산업의 제왕'인 도널드 트럼프도 한때는 완전 빈털터리가 되어 빚더미에 오른 적이 있었다. 그러나 뛰어난 거래 솜씨로 단숨에 미국 재계의 실력자로 부상할 수 있었던 것이 바로 단적인 예시가 될 수 있을 것이다.

부란 우리가 돈을 얼마나 많이 가지고 있는가가 결코 아니다. 우리가 가진 돈을 모두 잃는다 해도 우리에게 남겨진 것이라고 할 수 있다. 진짜 부자인 사람들은 끌어들이는 힘을 가지고 있다.

그들은 부의 구성요소인 풍부한 인맥, 게임을 하는 방법을 아는 재정적 적합성, 저항이 없는 명확한 경로에 시간을 투자한다. 이 세 요소를 구축하는 데에 시간을 투자하기 때문에 그들은 돈을 투자해서 부자가 되는 것이 아니라 시간을 투자해서 부자가 되는 것이다. 부자들은 돈을 잃어버릴 때도 자신들의 인맥, 사고방식이나 명확성을 잃어버리지는 않기에 그 돈 꼭지를 곧바로 다시 돌아오게 하는 것이 점차 쉬워진다.

그렇게 하는 데에 있어서 마음가짐은 절대 중요하다. 이 마음가짐이란 바로 정신적 태도와 감정이며, 바로 그 사람의 역량을 나타내주며, 발판이나 숨겨진 장애물로 작용하는 것이다.

일반적으로 스포츠, 기업과 예술에서 성공한 소수 사람들은 마음가짐이 얼마나 강한 영향을 미칠 수 있는지를 정말 이해한다. 예를 들면 수영하는 법을 배울 수는 있지만 물을 무서워한다면 그 사람은 결코 훌륭한 수영선수로 성공할 수 없다. 마음가짐은 개인이 지니고 있는 내면의 규칙 세트이며, 개인이 어떤 상황에서 어떻게 수행하는지를 결정해 주는 개인의 역량으로 바로 사람됨의 그릇이라고 말하는 것이다.

이 규칙들은 대개 낙천주의, 유연성, 기꺼이 새로운 일을 시도하고, 실패하고 나서도 일어서서 다시 시도하는 것, 타인들을 수용하기, 빨리 배우는 능력, 자기 신념과 자신감 등을 말한다.

성공하는 마음가짐을 가진 사람은 좋은 결과를 달성하도록 적극적으로 행동할 것이다. 그러므로 개인이 마음가짐을 바꿀 수 있다면 행동 방식과 결과의 변화를 초래할 수 있다.

적절한 마음그릇을 갖지 못한 스포츠 선수는 올림픽 경기에서 성취하지 못할 것이다. 자기 회의나 비관적 전망을 가진 엘리트 스포츠인이 올림픽 경기 선수가 될 거라고 상상할 수 있을까?

이것을 기업인과 연관시켜 보자. 한 기업가가 훌륭한 기업가적인 기능을 가지고 있지만 기능과 일치하지 않는 마음그릇이라면 늘 성공하지 못할 것이다. 사람들은 매일 수차례 기업과 사회적 또는 가정적 문제와 관련하여 그들의 견해를 바꾼다. 견해를 바꾸는 것은 실제로 마음가짐을 바꾸는 것에 관한 것이다.

사람들이 마음가짐을 바꿀 수 있는 주요 방법은 정체성, 가치, 신념, 기능, 행동들을 포함한다. 마음가짐을 바꾸는 가장 어렵지만 가장 효과적인 방법은 정체성을 바꾸는 것이다.

마음가짐을 바꾸는 다른 방법들은 작동하기에는 훨씬 쉽지만 더 긴 시간이 걸려야 마음가짐이 바뀐다. 정체성을 바꾸기 위해서는 자신에게 매우 중요한 새로운 목적을 찾아낼 필요가 있으며, 사실상 과정을 바꾸고 새 열정을 추구한다.

사람들은 "나는 착하고 양심적으로 사는 데도 불구하고 돈을 버는 데에 왜 성공하지 못하고 있는가?" 라며 종종 딜레마와 혼란을 경험한다. 그들의 마음가짐이 돈을 버는 목적을 지지하지 않음을 의식하지 못하고 있는 것이 사실이다. 성공한 사람들의 마음가짐을 연구하고 그들이 성공한 이유를 정확히 지적하는 것은 성공을 낳을 정체성, 가치, 신념, 행동의 주요 영역을 명확히 해줄 것이다. 똑같은 주요 영역을 채택하여 성공한 사람들을 모델링하면 그때 변화는 일어나기 시작하며, 높은 수준의 성공이 성취될 것이다.

정체성은 어디를 가든 가지고 다니는 자신의 청사진이며, 자신이라고 믿고 있는 사람의 유형 즉 자아상이다. 자아상이 건강한지 아픈지, 부자인지 가난한지, 유인을 하는지 뿌리치는지, 승자인지 패자인지, 똑똑한지 바보인지를 결정한다. 그때의 신체, 일, 재정, 인간관계와 세계는 자신의 내적 자아상의 분명한 구체화라고 할 수 있는 것이다.

자아상이 성취할 수 있는 것이나 없는 것, 가질 수 있는 것이나 없는 것, 달성하려고 하는 것, 피하는 것, 생각하는 것과 생각하는 방식, 태도와 행동들을 결정한다.

또 건강 상태와 인간관계의 질, 끌어들이는 이성 유형과 친구들, 불운과 행운, 재능과 능력의 유형, 긍정적이거나 파괴적인 습관들을 결정한다. 대담한지, 도리에 어긋난지, 또는 수줍어하고 겁 많고 불안정한 사람인지를 결정한다. 수학을 잘하는지 인문학을 잘하는지 아무 것도 잘하는 게 없는지를 나타낸다. 또한 돈을 잘 버는지를 결정해 준다.

무언가를 행하기 전에 "이 사람은 누구이며, 나 자신이라고 정의하고 싶은 사람인가?"라고 자신에게 물어보라. 일단 내가 누구이며 나 자신을 어떻게 정의하고 싶은지를 결정하면 이 사명을 달성할 창의적 수단을 사용하여 원하는 삶을 창조해낼 수 있다. 그 구체적인 방법들을 열거해 보자면 다음과 같다.

자기 자신이 부자로 성공할 만한 자격이 있다고 믿는다.

그렇게 믿지 않으면 셀 수 없이 많은 기회들을 간과해 버릴 것이다. 자신이 그럴 만한 자격이 없다고 믿으면서도 부자로 성공하고 싶다면 동시에 악셀레이터와 브레이크를 누르면서 차를 운전하고 있는 것과 같다. 그것은 작동하지 않을 것이다.

기회 의식을 발달시킨다. 주변을 둘러보고 자신에게 묻는다.

"나는 어떻게 더 많은 가치를 추가할 수 있을까? 어떻게 일을 더 쉽게 더 빨리 하고, 사람들과 덜 다투고 더 재미있게 할 수 있을까? 어떻게 이 도전을 해결할 돈을 벌 수 있을까? 이 문제를 해결하고 그것을 하느라고 돈을 벌기 위해 무엇을 할 수 있을까?" 해결할 문제가 크면 클수록, 또 다른 사람들에게 많이 도움이 될수록 더 많은 부가 자신의 삶 속으로 쏟아질 것이다.

다른 사람들에게 더 중요해지도록 자신의 삶을 조직한다.
자신의 시간과 삶을 다른 사람들에게 가치 있게 만들수록 더 많은 부를 가지게 될 것이다. 자신의 삶을 보다 중요하도록 조직하고 우수한 성공을 달성한 사람들과 더 많이 네트워크를 발달시키며, 봉사하는 사람들에게 집중한다.

수동적 수입의 면에서 생각하기 시작한다.
수동적 수입은 한 번에 행하고 여러 번 지불하는 것이다. 그것이 부자들의 진짜 비결이다.

부자로 성공하는 모습을 마음에 떠올려 시각화 한다.
자신이 많은 돈을 벌고 있다고 떠올린다. 자신을 향해 모든 재정적 풍요가 흘러 들어오고 있고 그것을 활용할 수 있다고 떠올린다.

부정적인 사고들을 지운다.
마음속에 쓰레기를 넣으면 쓰레기 결과를 얻게 될 것이다. 훌륭한 발상들을 가진다면 훌륭한 결과들을 얻게 될 것이다. 특히 돈 문제에 관해서 자신의 내적 대화를 감시하고 다른 사람들이 말하는 것도 주의 깊게 듣는다. 주위 사람들이 완전히 무일푼이라면 가능한 한 빨리 벗어나는 것이 좋다. 그들이 굉장한 부자라면 그들의 모든 말에 주목하고 경청한다.

돈을 에너지로 생각하라.

돈을 받거나 지불할 때, 자신이 거래하는 에너지의 가치 척도로 본다. 시간당 3만 원을 받으면 가치를 창조하기 위해 자신이 태우는 에너지의 가치가 시간당 3만 원이라고 말할 것이다. 더 많이 벌고 싶다면 동일한 시간에 자신이 태울 에너지를 높이는 방법과 다른 사람들에게 더 많은 가치를 전달하는 방법을 알아야 한다.

항상 학습과 훈련을 통해 전문지식과 기술을 습득하여 찬스에 대비한다.

중국 전국시대의 사상가인 순자(荀子)는 배우고 익히는 것은 쌓임의 과정이며 늘 그러한 마음(恒心)이 필요하다고 했다. 그는 배움을 조각에 비유하여 "새기다가 중단하면 썩은 나무도 조각하지 못하며, 새기고 새기면서 중단하지 않으면 돌이나 쇠도 조각할 것이다." 라고 하며 전념하여 쌓고 새기기를 중단하지 않아야 함을 강조했다.

항상 학습을 하는 것은 삶의 기술을 강화하는 것이다. 변화와 진보가 가속화 되고 있는 세계에서 계속 배우고 학습하는 능력은 성공으로 가는 인증서를 받는 것과 같다.

무엇인가를 배우고 싶을 때 왜 그것을 배워야 하는지, 어떻게 배워야 하는지에 관해 안다면 분명히 배울 수 있다. 만약 왜 배우려고 하는지에 관해 아무 생각이 없다면 우리 두뇌가 "뭐 하러 해?"라고 말할 것이고 결국은 지루해 하고 산만해질 것이다. 또 만약 지금까지 학습은 실패했고, 어떻게 배워야 할지를 모른다면 우리 두뇌는 "거기 가지 마, 재미없어." 라고 말할 것이고, 빨리 다른 것을 찾아야 할 것이다.

'왜' 와 '어떻게' 중 어느 것이 더 중요할까? 많은 사람들은 자신들에게 효과가 없는 방식으로 배웠기 때문에 '어떻게'가 '왜'에 영향을 미친다. 자신에 관해 "~할 수 없다." 고 진술하는 것들에 관해 생각하고 그것들을 적어본다. 그리고 그 증거들도 적는다. 종종 사람들은 초등학교 때 할 수 없었기 때문에 여전히 할 수 없다는 신념을 갖고 있다.

이제 우리 자신이 그것을 할 수 있다면 어떨까 자신과 대화해 보라. 그것을 하는 데 천만 원을 제공받는 대신에 정말 심각한 실패의 결과가 있다면 얼마나 열심히 자진해서 하려고 할까?

성공하기 위해서 우리는 원하는 것이 무엇인지, 그것을 얼마나 원하는지, 그리고 그것을 얻기 위해 기꺼이 무엇을 할 것인지를 결정해야 한다. 대부분의 사람들은 원하는 것을 확신하지 못하거나 때로는 원하는 것을 알지만 얻기 위해 필요한 조치를 정말로 취할 만큼 충분히 원하지는 않기 때문에 곤경에 빠져 있다.

이것을 어떻게 바꿀 수 있을까? '왜' 배워야 하는지를 충분히 수준

높게 설정하면 '어떻게' 배워야 할지가 이해될 것이다. 우리가 원하는 것, 즉 꿈과 비전을 알고 있는 사람들까지도 삶의 과정에서 돈이 없고, 재능이 없으며, 절박감이 없고, 또는 실패에 대한 두려움 같은 모든 부류의 장애물을 보기 때문에 꿈을 달성할 수 없다고 생각하기도 한다.

이제 우리가 원하는 꿈과 비전을 실현하고 성공을 달성하기 위해서는 집중해서 무엇을, 언제, 어떻게 해야 할지를 알 수 있는 전략을 확인해야 한다. 그래서 부유해지는 길로 우리를 안내하는 지도를 제공해주고, 우리 자신의 선천적 재능과 몰입하는 성격을 사용하는 법을 학습할 필요가 있다.

부를 구축할 수 있는 우리 자신의 가장 자연스런 방법을 결정하기 위해서 재능, 성격, 적성, 강점, 생산성과 가치, 집단 활동 능력 등을 평가하여 어느 방법이 자신에게 적합한지를 알아볼 필요가 있다. 무엇이 자신의 부를 창조할 가능성을 최대화시키는 최상의 전략인지 확실하게 알기 위한 학습과 훈련을 통해 성격, 타고난 스타일과 재능을 부자 창조하기 방식에 매치시킨다.

빌게이츠(Bill Gates), 워렌 버핏(Warren Edward Buffett), 리차드 브랜슨(Richard Charles Nicholas Branson), 오프라 윈프리(Oprah Gail Winfrey) 같은 성공한 우상들이 지금처럼 어떻게 성공하게 되었는지를 연구해보고, 그들이 무엇을 다르게 하는지 추측해보는 것도 좋은 공부이다.

이 최고의 성공자들이 했던 것처럼 인생에서 정말 성공하기 위해서 자신의 성격유형에 적합한 것을 선택한다면 자신의 삶에 몰입할 수 있고 새로운 지식에 알맞도록 목표를 달성하는 수단을 선택할 수 있다. 자동차 왕 헨리 포드(Henry Ford)가 했던 말을 여기서 깊이 되새겨 보자.

"당신이 가능하다고 생각하든 불가능하다고 생각하든 다 좋습니다. 얼마나 멀리 가는지에 대해 책임을 지는 사람은 바로 당신 자신입니다."

제 8장

돈과 부를 위한 '운 관리' (Luck Management)

section 8

위기관리보다는 운 관리가 필수인 시대

지금까지의 자본주의 경제는 논리의 일변도를 지향했고, 논리가 통하지 않는 것은 모두 도외시했다. 그러나 인간은 감정을 지니고 있다. 신념과 가치 같은 감정적인 측면이 커져서 문제요인이 되고 있다.

서양에 비해서 동양은 논리보다는 오히려 비논리를 중심으로 하여 문제를 해결하려는 방식이었다. 예를 들면 제갈공명은 맹호라고 하는 남서의 만족을 7번 잡아서 7번이나 놓아주었는데 결국 최후에는 신뢰하고 복종했다.

맹호는 잡혔을 때에 왜 잡혔는지를 알고 "이번에는 절대 잡히지 않겠다."고 하면서 분하게 여기고 있었음에도 제갈공명은 전혀 개의치 않았다. 무력으로 억압하는 것은 가능해도 본래의 의미로 완전히 이긴 것은 아니며, 또 반드시 표적이 되게 한다는 것 때문이었다. 이렇듯 동양적인 사고와 문제 해결 방식은 비논리 속에 질서가 있었고 감정 속에 질서가 있었다.

　더구나 미래라는 것은 동양학의 미래 예측적 이론으로도, 어떤 첨단의 과학이론으로도, 또는 점술이나 운명학이라는 것들을 다 동원한다 해도 완벽하게 예측할 수는 없다. 그러나 그것을 예측하려고 하는 것이 인간이며, 또 한편으로는 알고 싶다고 생각하면서도 듣고 싶어 하지도 않는다. 이 모순이야말로 바로 인생이며, 비논리의 전형이다.

　그러나 이제 비논리 속의 논리를 이끌어내는 사고방식이 앞으로 미래 사회에는 중요하다고 본다. 자신의 꿈과 비전을 실현하는 목적 달성을 이루기 위해서는 논리만으로는 해결할 수 없기 때문이다. 사람들의 마음을 파악하는 힘이 필요하다. 구체적으로 감정의 법칙이든 마음의 법칙 등을 찾아내는 것이다.

　일본 유통업계의 신화로 일컬어지는 세븐 일레븐의 스즈끼 회장은 "경제란 심리학이다."라고 말한 것처럼 '인간의 마음'이라는, 즉 숫자로 표현할 수 없는 것 속에 경제의 공식과 방정식이 있다. 마음이란 바로 보이지 않는 정보 에너지라 할 수 있는 운에 의해 영향을 받기 때문에 운을 관리할 필요성이 대두되는 첫 번째 이유이다.

　두 번째로 운을 관리할 필요성을 거론하자면 마음의 면역을 강화하기 위해서라고 할 수 있다. 지금은 정보가 범람하고 거짓 정보도 많이 돌아다니고 있다. 무엇보다도 21세기 정보의 범람시대를 잘 살아가려면 마음의 면역을 강화할 필요가 있다. 면역이 없다는 것은 '순수'라는 의미로 받아들여질지 모르겠지만 어린애 같은 무지에 의한 순수와 어른들의 잘 안 상태에서의 순수를 따로 생각해 보아야 한다.

어린애들은 순수한 것이 당연하다. 어른들의 순수도 어느 정도 필요하다. 그러나 예를 들어 마음의 면역이 없는 사람은 "이 주식을 사면 돈을 벌 수 있다."라는 꾐에 빠져 주식을 사고 큰 손해를 보는 일도 당하기 쉽다. '과연 정말일까?'라고 의심을 하고 자신의 운 관리도 하면서 사실을 확인한다면 거짓 정보에 감염되는 일을 상당한 확률로 분명 피할 수 있을 것이다. 더구나 익명성의 중상이나 비방도 참을 수 없을 정도로 심하게 개인에게 마음의 상처를 주는 경우가 있기 때문에 사회적 면역이 강하지 않으면 마음이 무너진다.

예를 들어 블로그 등에서 거짓정보를 인터넷 상에 내놓으면 자칫하면 개인도 무너지며, 관련 회사도 무너진다. 꾸며낸다면 얼마든지 가능하고 그것을 대중이 받아들이면 거짓말도 진실이 되어버리기 때문이다. 따라서 그 같은 것에 대해 면역이 강한 회사가 아니면 회사를 지킬 수 없다. 마음이 무너지게 되면 개인의 삶도, 회사도 무너진다. 따라서 지금의 21세기는 그야말로 심리에 중점을 둔 경제라고 보아야 할 것이다. 제갈공명도 "마음을 공격하면 이긴다."라고 했다.

그러므로 상대에게 마음을 공격당하지 않고 자신의 마음을 강화하기 위해서는 예측 가능한 부분까지 미래 지향적으로 자신에게 좋은 운을 끌어들이고 관리할 필요가 있다.

세 번째로 운을 관리할 필요성은 자신을 더 깊이 발견하고 분석하기 위해서이다. 최근 우리 젊은이들은 예전의 젊은이들 세대보다 외향적인 면이 많아져서 상당히 타인 지향적이 되어가고 있다. '자신이 지니고 있는 것'을 발견하려고 하기보다는 '타인이 지니고 있는 것'을 보는 경향이 더 강해서 '타인을 발견하기'에 주안점을 두는 것처럼 보이는 때도 많다.

그래서 자신이 지니고 있는 것에 의식을 기울여서 거기에서 생기는 기쁨보다는 타인이 지니고 있는 것에만 눈을 향해 있으면서 거기에서 불만을 쌓는다. 엄마 친구의 아들이라는 '엄친아'라는 신조어가 그 예로 탄생된 은어로서 통용되고 있다. 이렇듯이 타인에게만 기를 빼앗겨 자신의 것을 잘 보지 못하고, 남에게만 관심이 있어서 자신에게 관심이 없기 때문에 자신을 알 수가 없다.

세계적으로 알려진 성공한 사람들은 모두 자신에게 관심을 갖고 자신을 철저하게 분석하며 자신과의 대화를 한다고 한다. 자신은 어떤 인간이며, 어떤 능력과 재능이 있는 것일까, 그리고 그것들은 어떤 환경 속에서 최고도로 발달될 수 있을까, 아니면 시들어버릴까를 탐색한다. 또 자신의 강점은 무엇이며, 약점은 무엇일까를 생각하며 자신을 발견하려고 애쓴다.

자신을 발견하는 사람만이 자신을 지키고 키울 수 있기 때문이다. 그리고 21세기의 비즈니스 사회에서 성공할 수 있는 인간이라고 생각한다. 다시 말한다면 자신을 잘 아는 사람은 '마음과 운과 두뇌를 능숙하게 사용하는 사람'이 되어 자신을 운용해 가는 비즈니스 세계에서 미래를 바꿀 수 있을 것이다.

이제는 위기관리를 한다는 반응적(Reactive) 자세보다는 운을 관리한다는 능동적(Proactive)인 자세로 삶에 임하는 것이 성공의 가능성을 더 높여줄 것이다. 보다 더 유연하게 대처할 수 있는 준비가 되어 있기 때문이다.

생각을 약간 재미있게 비약시켜서 삼행시 짓기와 같은 게임식으로 풀이해 본다면, 운이라는 'LUCK'의 머리글자를 활용하여 Location(환경), Understanding(이해력), Connection(인맥), Knowledge(전문지식)를 관리하는 것이 바로 운 관리가 아닐까?

section 8

운 좋은 사람이 되려면…

　자신의 인생을 성공적으로 만들려고 생각하는 사람이라면 우리나라가 이제부터 맞이하는 사회적 환경 변화와 경제 상황이 변하는 흐름 속에서 비즈니스를 성공시키고 자신의 가능성을 넓혀가기 위해서 행운을 끌어들여야 한다고 생각할 필요가 있다. 운이 좋다고 하는 것은 긍정적인 가능성이 넓어진다는 의미이며, 그 반대는 긍정적 가능성이 좁아진다는 의미로 해석할 수 있다.

　운은 우리들이 하는 일에 있어서 선택뿐만 아니라 성공에도 큰 영향을 준다. 요컨대 인생에 큰 변화를 몰고 올 만큼 강력한 힘이 있을 경우도 있다. 전부를 일순간에 변화시키는 힘이 있다. 운이 좋은 사람은 불행을 행복으로 바꾸는 힘이 생겨난다. 우연한 찬스에 우연히 만난다. 그리고 대개 이유도 없이 바른 선택을 하고 있다.

　운이 좋다는 것은 학력이나 어떤 예지 능력과도 관계없다. 인생에서 극적인 변화를 우연히 만날 수 있었던 사람은 큰 운을 지닌 사람이다. 능력이 있는 사람일수록 운이 좋다고 한다.

운이 나쁜 사람은 자신의 직감에 따라 가지 않았던 일을 후회하고 운이 좋은 사람은 직감에 따라 성공했던 일을 기뻐하게 될 것이다. 운 나쁜 사람은 무언지 모를 불안을 느끼기 쉽고 운 좋은 사람은 미래에 대한 기대로 가슴 설레고 있을지도 모른다. 미래에 대한 비전과 기대를 가지면 운을 좋게 끌어올 수 있다. 실내에 꽃을 장식하고 벽지를 바꾸거나 페인트 색상을 바꿀 뿐이라도 미래에 대한 기대감을 높일 수 있을 것이다.

운이 좋은 사람은 운을 좋게 하기 위해 적극적으로 접근을 하고 있다. 비록 불운한 일이 눈앞에 일어났다 할지라도 긴 안목으로 보고 그것을 의미 있는 체험으로서 파악할 줄을 알며, 결국은 참을성 있게 기다리는 능력을 가지고 있다.

똑똑한 것보다는 좋은 운을 갖는 것이 더 낫다고 주장하는 영국의 심리학자 리차드 와이즈맨(Richard Wiseman)은 운 좋은 소수의 사람이 되는 법을 가르칠 수 있으며, 삶에서 자신의 행운을 만들 것을 강조하고 있다.

와이즈맨은 좋은 운을 갖고 태어난 사람들도 있지만 어떤 사람들은 긴장도가 높고 기대가 낮은 환경과 직장에서 직업과 투자에 좋은 운이 별로 없는 채로 산다는 것에 주목한 뒤 사람들을 운 좋게 만드는 방법을 8년 동안 연구했다. 수천 명의 인터뷰와 수백 회의 실험을 거친 후에 그는 그 암호를 풀었다고 주장했다.

그는 운이란 숙명 내지는 운명 또는 우연의 일치 때문은 아니며, 운이 좋은 사람들은 무의식적으로 그들의 삶에서 좋은 운을 만들어 내는 방식으로 생각하고 행동한다고 했다.

시간이 지나면서 영국 전체에서 약 400명의 데이터베이스를 구성했는데, 특히 자신들을 운 좋다 또는 불운하다고 생각했던 각계각층의 사람들로 구성된 두 부류 집단 사람들은 다음과 같이 말한다.

"나는 왜 이렇게 주장하는지 모르겠다. 나는 운이 좋은 사람이다. 또는 불운한 사람이다."

그리고 와이즈맨은 운 프로젝트라는 실험에 그들을 참여시켜 그들을 인터뷰했고, 일기를 쓰게 했다. 모든 일이 잘 풀리는 사람들 집단과 완전히 불행한 형편이 다른 집단을 분류한 이유를 종합하려 하면서 실험을 했다. 그리고 우연과 운 사이에 큰 차이가 있다고 주장했다. 복권 당첨은 복권을 사는 것 외에는 우리가 전혀 통제할 수 없는 사건들이다. 그것들은 변함없이 동일한 사람에게 일어나지 않는다. 그것들은 사람들의 삶에서 뜻밖의 기쁜 사건일 수 있지만 흔한 일은 아니다. 우연적 사건은 복권 당첨과 비슷하다.

와이즈맨이 말하길 사람들이 누구나 자신의 운을 가지고 있다고 주장하는 이유는 우리가 생각했던 것보다 운이 훨씬 더 많이 사건들을 통제하기 때문이라고 했다. "내 인생의 50%는 우연한 사건 때문이다." 라고 말할지도 모르지만, 그것은 아마도 10%쯤일 것이다. 영향을 미치지 않는다고 생각하는 나머지 40%는 실제로 우리 자신이 생각하는 방식에 의해 정의된다.

와이즈맨에 의하면 운 좋은 사람들은 불운한 사람들과 다르게 생각하는 방법들을 가지고 있다고 한다. 한 가지 방법은 새로운 경험에 열려 있다는 것이다. 불운한 사람들은 틀에 박힌 일에 빠져 있어서 새로운 것을 보아도 전혀 원하지 않는다. 운이 좋은 사람들은 언제나 새로운 것을 원하며 위험을 무릅쓸 준비가 되어있고, 기회를 찾을 만큼 충분히 편안하다.

와이즈맨은 또 다른 실험을 했다. 피험자들에게 사진이 나온 신문을 뒤적여서 사진의 개수를 세도록 요구했다. 그들은 사진들의 개수만 세는 것이었다. 그것이 다였다. 그들에게 거의 세 페이지를 보게 한 후에 '계산 중지. 이 신문에는 43개의 사진이 있습니다.'라는 절반 페이지 광고를 하나의 사진 옆에서 보게 했다.

그리고 또 몇 페이지 뒤에 '계산 중지. 당신이 본 것을 실험자에게 이야기하고 150파운드의 상금을 타라'고 한 또 하나의 큰 광고를 실었다.

대부분 불운한 사람들은 이러한 일들을 지나쳐 아무렇게나 던져버렸다. 운이 좋은 사람들은 뒤적이며 웃으면서 말한다. "43개 사진이 있구나. 그게 그 뜻이구나. 사진 세는 것을 시키려는 건가?"

그들은 몇 개를 더 뒤적이고 말했다. "내가 150파운드를 받나요?"

그러나 대부분의 불운한 사람들은 주목하지도 않았다는 결과를 보였다고 했다. 결론적으로 리처드 와이즈맨은 삶과 직업에서 행운을 만들어 낼 수 있는 운이 좋은 사람이 되는 4가지 방법을 제시했다.

운 좋은 사람이 되는 4가지 방법

❶ **다시없는 기회를 최대화 시킨다.**

운이 좋은 사람들은 다시없는 기회를 창조하고 알아차리며 다시없는 기회를 좇아 행동하는 데에 능숙하다. 그 사람들은 여러 가지 방식으로 이렇게 하는데, 그것은 강한 네트워크를 구축하고 유지하기, 삶에 대한 편안한 태도를 채택하기, 새로운 경험에 열려 있기를 포함한다.

❷ **자신의 운 좋은 예감, 육감에 귀를 기울인다.**

운이 좋은 사람들은 자신들의 직관과 저 깊은 창자 속 내면에서 울려 나오는 본능적인 느낌에 귀를 기울임으로써 효과적인 결정을 내린다. 예를 들어 다른 생각들에 대한 자신들의 마음을 명상하고 맑게 함으로써 자신들의 직관적 능력을 능동적으로 끌어올리기 위한 조치를 취한다.

❸ **좋은 행운을 기대한다.**

운이 좋은 사람들은 미래가 밝을 것이라고 확신한다. 시간이 지나면서 그러한 기대는 자아 충족적 기대가 된다. 왜냐하면 그것은 운 좋은 사람들에게 실패에도 불구하고 살아남게 하고 다른 사람들과 상호작용을 긍정적으로 발전하도록 도움을 주기 때문이다.

❹ **액운을 좋은 운으로 바꾸기**

운 좋은 사람들은 닥치는 악운에 대처하고 심지어 성공하기 위한 여러 가지 심리적 테크닉을 활용한다. 예를 들어 그 사람들은 자연스럽게 무의식적으로 형편이 어떻게 더 악화될 수 있었을지를 상상하고, 악운에 유의하지 않고 그 상황을 장악하여 조절한다.

10여 년 간 동양학적 사상에 근거한 운명학을 공부하여 개인 코칭에 적용하면서 2년 전부터 필자는 사람들에게 지금 현재의 상태로 어떻게 자신들의 삶이 이르게 되었는지, 그리고 함께 인간관계를 맺고 있는 사람들과 자신이 속해 있는 직업 등에 관해 이야기를 나누어 보았다. 계속 화제가 되었던 말들은 운과 우연과 같은 것들이었다. "저는 우연히 제 배우자를 만났어요." 또는 "나는 이 모임에 우연히 가게 되었는데 이 진로를 택하게 되었습니다." 라는 것들이었다.

그러나 전공분야인 심리학 계통의 학자들은 운이라는 말을 회피하는지 심리학 문헌에서는 거의 눈에 띄지 않는다는 것도 알게 되었다. 그래서 필자는 그것을 검증해 보기로 했다. 사람들에게 "당신 자신이 운이 좋은 사람이라고 생각합니까, 또는 불운한 사람이라고 생각합니까?" 라고 묻는 간단한 질문을 시도해 보는 것으로 운에 대한 화두를 꺼내 대화를 계속 이끌어갔다.

그 결과를 간단히 요약해 보자면 자신이 운 좋은 사람이라고 생각했던 사람들은 스스로 운을 찾은 것처럼 보였으며, 또한 더 많은 행운을 기대하고 있었다. 게다가 그 사람들은 일이 잘못되어 갈 때도 불운한 일에서 몇 가지 이익을 얻어낼 수 있는 방법을 알아내서 불운을 행운으로 변화시켰고, 가능성에 열려 있는 운을 볼 줄 안다는 것이 바로 '비결'이라고 말하고 있었다.

그들에게 운은 말이 없는 것이 아니었다. 자신들 주변에 무엇이 있는지 마음이 열려 있지 않은 대부분 사람들과는 달리, 운이 좋은 사람들은 자신의 가능성을 향상시키기 위해 자석처럼 행운을 끌어들이는 방식을 자기 내면의 직감적 본능에 의존하여 나름대로 터득하고 있었다. 그러나 기업 문화는 전형적으로 추진력 즉 목표를 설정하고 진지하게 그것을 추구하며 장애물을 뚫고 나아가는 추진력을 존경한다. 많은 기업들은 또한 스프레드시트를 뽑고 숫자를 운용하고 진지한 사실들을 바라보면서 이성적·합리적 분석을 한다. 이것은 정말 직관과는 정반대의 발상이다. 마찬가지로 학교 교육을 통해서도 우리들 대부분이 배웠던 것은 집중해서 추진하고 과업에 열심히 노력하라는 가르침이 중심내용이었다. 만약 우리가 이러한 방향으로만 움직인다면 우리는 주변에 퍼져 있는 다른 가능성을 알아보지 못할 것이다. 모임에 간다고 해도 결국 가까운 친구가 될지도 모르는 사람이나 직업에서 도움이 될지도 모르는 사람을 만나지 못할 것이다.

자신의 운이 좋다고 생각하는 사람들은 실제로 주변의 모든 것에서 직관의 기회를 얻고 편안하게 열린 마음을 가지며 자신들 주위에 무엇이 있는지를 알고 그것들을 최대로 강화해 주었다.

그들은 사실에 입각하지 않은 사고방식을 연습하기도 한다. 예를 들면 교통사고를 당했을 때 불운한 사람들은 "나는 또다시 교통사고를 당했다는 것을 믿을 수 없어." 라고 말한다. 운 좋은 사람들은 "놀라워라, 교통사고를 당했는 데도 난 죽지 않았어. 그리고 또 부딪친

차에 탔던 사람들과 나도 정말 다친 데 없이 건강해서 거기서 친해졌지요."

재미있는 것은 두 가지 사고방식 모두 다 무의식적이고 자동적이라는 것이다. 필자가 불가사의하게 생각하는 사실은 자신이 운 좋은 사람이라고 생각하는 사람들은 거의 대부분 "나는 진짜 운이 좋은 사람입니다."라고 말하고 나서 무서운 이야기를 꺼내곤 한다는 것이다. 그들은 불운한 사람들과 똑같은 삶의 사건을 경험하지만 완전히 다른 방식으로 그 사건들을 바라보고 있었다. 그것은 긍정적이고 적극적인 사고의 힘이 아닐까?

필자와 여러 차례 코칭 세션을 가진 적이 있는 30대의 한 여성의 사례는 자기 자신을 완전히 악운의 연속이라고 생각하는 경우이다.

"내 인생은 정말 재수 없고 불운의 연속이었어요. 연애에서도 운이 없었어요. 막 서로 호감을 느끼는 남자를 찾았을 때 그 사람은 오토바이에서 떨어졌어요. 그 다음에 만난 맞선 상대는 교통사고로 인해 코가 부러졌었고, 우리는 결혼식 며칠 전에 집에 불이 났어요."

그러나 두 번의 개인 코칭 때 6살과 7살 된 연년생 아이들을 데리고 나타났는데, 아이들은 매우 건강하고 행복해 보였다. 그녀의 마음 속에서 불운하다는 생각 때문에 두 아이에 대한 사랑스러움도 그녀의 행운이 되지 못했던 것이다. 어떻게 하면 그녀를 운 좋은 사람들처럼 생각하도록 변화를 유도할 수 있을까를 중심으로 그녀와의 코칭 세션에서 원하는 결과를 설정했다.

필자는 먼저 그녀에게 행운 일기를 쓰도록 했다. 하루 일과가 끝나면 일어났던 긍정적이고 운이 좋은 일들을 기록하는 순간들을 보내는 것이다. 아울러 불운하고 하찮은 일을 기록하지 말라고 부탁했다. 일단 그 일을 하기 시작하자 그녀가 하고 있는 일이 나날이 더해졌고, 그녀가 지난 한 주일을 돌이켜 보았을 때, 일주일 동안이 가치가 있는 긍정적 사건들이었다. 한 달 동안 그렇게 해본 후에는 일어나고 있는 좋은 일에 관해 생각하는 습관을 붙이게 되었다.

조직 문화와 정체성이라는 의미에 있어서 어떤 조직들은 운이 좋고 성공적으로 보였고 또 어떤 조직들은 불운한 것으로 보이는 것은 개인에게 있어서도 마찬가지라고 생각한다. 기업 조직에도 이러한 코칭 방식을 적용해 본 결과 운이 좋은 기업이 존재한다는 확신을 갖게 되었다.

변화에 열린 마음을 가졌던 그 회사의 대표는 그러한 발상이 바로 살아온 방식이었기 때문에 공감했다. 사장은 그때 "나는 내 회사의 모든 직원이 이렇게 생각했으면 좋겠어요."라고 말했다. 그의 직원들이 자기 자신들에 관해 더 긍정적이고 기분 좋게 느끼도록 한다면, 그리고 그것이 이윤, 생산성 및 조직 풍토에 긍정적 영향력을 미친다면 사장 자신도 매우 행복하게 될 것이고, 운 좋은 기업으로 발전하게 될 것이라며 웃었다.

section 8

운을 관리하는 법

자, 눈을 감고 자신의 내면으로 들어가 최근 자신의 운에 관해 생각해보자. 최근에 자신은 운이 좋았다는 생각이 드는가? "운이 좋다"라는 말은 무엇을 의미하는지 가벼운 기분으로 생각해 본다.

운이라고 하는 것은 그저 우연의 일치로 받아들여져서 칼 융이 말한 동시성의 원리로 설명될 수 있는 것 같기도 하지만, 결코 우발적인 것이라고 단정 지을 수 없다. 인간은 생각하는 이성이 있고 자유 의지를 가지고 있다는 점을 감안한다면 운이란 자신이 이끌어내는 현상이며, 자신이 열고 이끌어내서 키우는 일이 가능한 것이다.

따라서 성공과 돈과 행복을 손에 넣고 싶다면 운을 자기 쪽으로 끌어 당겨서 관리하는 것이 중요하다.

자극이 없는 환경은 매너리즘에 빠지게 한다. 그렇게 되면 두뇌의 전두엽이 활발하지 않으므로 운이 밀려오지 않는다. 상투적인 입버

릇이나 습관적인 행동들이 운을 모아서 자신의 운을 만들어 버리기도 한다. 보통 불운은 길동무를 원하는 경향이 있기 때문에 나쁜 일이 발생한 현장이나 도산한 사무실 등에 가서 오래 머물면 운을 놓쳐 버린다. 자신의 미래에 행운을 끌어들여 생활하려면 먼저 두뇌에 좋은 자극을 주어야 한다. 두뇌를 상쾌하게 하고, 자신이 원하는 결과가 무엇인지, 자기 인생의 비전을 그리고, 자신의 정체성을 명확히 결정하면 행운을 끌어들이기가 더 쉽다. 그리고 꿈과 목적을 실현한 사람이 살고 있는 장소와 집, 빌딩, 토지에 가면 행운이 쉽게 따라올 수가 있다.

행운을 끌어들인다는 것은 한 번으로 끝나는 일이 아니다. 정보를 지닌 눈에 보이지 않는 에너지인 운을 끌어들이고, 그것을 지속적으로 키워간다는 생각을 해야 한다. 확실하게 행운을 불러들이고 그 행운을 지속적으로 키우기 위해서는 두뇌를 변화시켜야 한다.

좋은 운을 끌어들이기 위해 두뇌를 변화시키려면 무엇을 해야 할까? 현실세계에서 두뇌를 어떻게 사용해야 할까? 두뇌를 변화시켜 좋은 운을 끌어들이는 사람의 두뇌는 어떠한 과정을 거쳐 비즈니스에서 활용되고 있을까?

좋은 운을 끌어 모으고 지속적으로 키우기 위해서 찬스와 동기를 찾아서 마음속의 안테나를 길게 빼내는 마음의 운동이 필요하다.

그리고 운을 열어간다는 의도를 명확히 하고 변화를 일으키는 새로운 체험을 시도한다. 이때의 주요 포인트는 완전히 적극적이고 한편으로는 낙천적이며 긍정적 사고(positive thinking)를 하는 것이다.

마음의 운동이라는 것을 구체적인 예로 들면 집안에 그림과 꽃을 장식하거나 가구를 들여와서 바꾸는 것, 여러 가지 색채를 사용하는 것, 미래에 자신의 꿈을 실현하는 모습을 시각화하면서 목표 달성의 기쁨을 맛보거나 명상을 통해 마음을 가다듬는 것 등이라고 할 수 있다.

그림, 음악, 빛, 자연, 요리, 분위기 등 마음에 충분한 영양을 주어 감동하는 것이 마음의 운동인 것이다. 감동이 없으면 마음의 너그러움이 없어진다. 운이라는 것은 왔다가 가버리는 것이다. 영원히 지속되는 한결같은 운이란 없으며, 누구에게나 운이 변화하는 주기가 있기 때문에 운을 관리해야 한다는 것이다. 좋은 운은 마음이 관대해져 있을 때에 우리들 곁에 머물러 준다. 어디서나 편안하고 넓은 마음을 가지게 하는 장소가 아니면 좋은 운은 오래 머물러 주지 않는다.

운명이란 운이 머물러 있는 시스템으로서 한 개인의 인간 설계도이다. 그렇기 때문에 좋은 운을 끌어들인다고 하는 것은 좋은 유전자 스위치를 켜 놓은 채 충분히 활동하는 상태가 되게 하는 것이다. 개운법이라는 것이 바로 좋은 유전자를 켜 놓는 방법이다.

어떤 사람이라도 몸속에 성공과 실패의 유전자를 가지고 있다. 성공할 수 있는 사람은 자기 안의 성공 유전자가 켜져 있어서 운명이라고 하는 시스템 회로가 충분히 활동해 갈 수 있게 된다. 반대로 실패의 유전자가 켜지게 되는 환경에 있게 된 사람은 운명이라는 시스템 속에 실패의 스위치가 작동하게 해버려서 기대했던 것이 오히려 거꾸로 나와 버리게 된다.

그러므로 좋은 운을 끌어들이기 위해 두뇌를 변화시킨다는 것은 단적으로 말하면 환경 적응 유전자 스위치를 켜놓는 것을 말한다. 환경 적응 유전자가 들어가 켜지면 과거에 실패한 적이 있더라도 한 번 더 성공할 수도 있으며, 절대 성공할 수 있는 방법을 찾을 수 있고 시대의 변화에 따라 두뇌를 만들어 갈 수 있을 것이다.

예를 들어 환경 적응 유전자가 켜져 있지 않아 두뇌가 변화되지 않고, 좋은 운을 끌어들이지 못한다면 새 집을 지을 때도 나쁜 운을 가진 업자의 말이 통하게 만들어진다. 그러면 모처럼 새 집을 지어도 좋은 미래가 만들어지지 않는다. 시대가 변해도 두뇌는 옛날 그대로인 채 남아 있게 될 것이므로 결국 시대에 뒤지게 되고 실패를 만들어 낼 수밖에 없을 것이다.

자신의 주변을 살펴보고 환경 적응 유전자가 켜져 있지 않은 환경이 예측되면 지금 곧 개선을 고려해야 한다. 가끔씩 읽거나 듣게 되는 기사 내용 중에 "상사로부터 배척당하는 느낌과 동료들에게서 냉대를 받게 되어 종업원이 불쾌한 기분이 되면 기업 생산성과 고객에게 피해를 주며, 서비스에 악영향이 파급된다."는 것이 있다.

우리나라에서도 직장에서 불쾌한 경험을 한 적이 있다는 사람이 상당히 많이 있다. 게다가 그러한 경험을 한 때에는 고객에게 무례하게 접대하거나 굼뜨게 일하는 식으로 앙갚음을 하고 있다는 말을 흔히 듣는다. 심지어 직장 내에서 왕따를 견디어 내지 못하고 자살을 감행한 불행한 사건들도 목격하게 된다. 결국 직원들 상하간, 또는 수평적인 인간관계가 나빠지는 회사는 돈벌이가 안 되는 회사가 될 가능성이 높다. 그러므로 인간관계를 좋게 유지하는 회사를 만들기 위해서는 부하와 동료를 불유쾌하게 하는 언동만을 하는 사람이 있다면 조직 내에서 정리를 하는 것을 염두에 두어야 한다.

가끔 방의 배치를 변화시키거나 그림을 걸어두는 것도 매너리즘에 빠지지 않도록 하는 방법으로서 두뇌에 자극을 주는 좋은 방법이다. 일도 자극이다. 이익이 되는 일이 오면 혈류가 증가되는 데 좋은 자극인 것이다.

우리 인간들만이 이성을 가지고 있으며 목적 지향적이다. 목적을 구체적이고 명확하게 표현할수록, 마음도 몸도 생리적으로 순조롭게 활동하도록 준비된다. 그러나 목적의식을 잃으면 몸 상태가 나빠지거나 힘이 없어지기도 한다. 목적이라는 것이 바로 운을 모으는 장소이며 위치이다.

목적을 명확하게 설정하고 명시하지 않으면 운도 찾아오지 않는다. 그러므로 목적을 명확히 하는 것이 중요하다. 목적을 명확하고 구체적으로 설정하고 나면, 그에 따라 몸도 마음도 정돈되고 좋은 운을 불러 모으는 상태가 되어 운이 찾아든다.

그렇게 하면 성공유전자의 스위치가 내면에서 켜지고 원하는 결과가 나타나게 된다. 즉 우리가 성취하고 싶은 목적이 확실히 결정돼 있는 곳으로 에너지가 집중되고, 운 또한 그곳을 향해 모아진다. 바라는 결과를 구체적이고 긍정적으로 명시해 놓은 곳에 우리는 운을 부르는 일을 할 수 있다. 이것은 생각해 보면 너무도 자명한 이치이다.

원하는 결과를 달성하기 위해 전심전력을 다하면서 행운까지 비는 기도를 열심히 하고 있는 우리 자신들의 모습을 떠올려 보면 쉽게 수긍이 갈 것이다.

좋은 운을 끌어들여서 오래 자신에게 머물게 하려면 학습의욕을 지니는 것도 중요하다. 두뇌를 사용하면 뉴런(신경세포)을 발달시키고 접합부에 있는 시냅스를 증식시켜서 두뇌를 발달시킨다. 두뇌의 힘 중심은 제 3뇌실에 있다. 특히 제 3뇌실이 발달하면 직감, 영감에 관한 능력이 발달한다.

지금 현재는 우뇌와 좌뇌에 보다 주목하고 있지만 그 앞에는 간뇌가 있고, 간뇌 식의 사고가 있다. 행운이 있는 사람들은 직감과 예감에 의해서 성공으로의 중요한 판단을 내리는 사람이 많다. 괜찮다고 느끼는 감성으로서 직감, 예감, 영감이 중요하다.

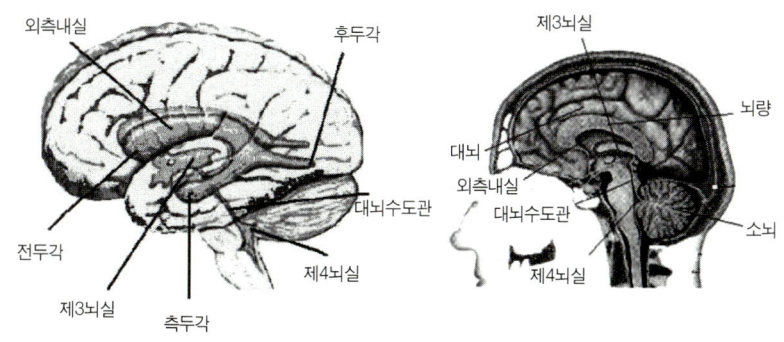

제 3뇌실(3rd ventricle)

제 3뇌실을 활성화시키는 것은 바로 이러한 직감, 예감, 영감을 예리하게 하는 것이다. 그것을 위해서는 나이가 들어서도 시냅스를 증식시킬 필요가 있다. 나이를 먹어서도 학습의욕을 갖고 책을 읽고 저것을 공부할까, 이것을 공부할까 생각하고 실천해 보는 것이 바로 시냅스를 증식시켜 주며, 그에 따라 운과 기의 흐름도 좋게 되는 사이클이 만들어진다. 그러한 과정들의 반복 속에서 제 3뇌실이 활성화 될 것이며, 그것에 의해서 성공 유전자가 켜지게 될 것이다.

좋은 운을 끌어들여 오래 머물도록 하려면 운을 거부하는 것과 불운 유전자의 움직임을 멈추게 하는 것도 고려해야 한다.

대부분의 사람들은 불운 유전자가 활동하고 있다. 특히 어렸을 때 성장 과정에서 형성된 부정적인 자아개념 내지 자아상을 가진 사람일수록 내면에 잠재되어 있는 불운 유전자들이 나이와 함께 꿈을 잃어버리게 하므로 어차피 살아있다 할지라도 자신의 작은 가능성까지도 즉시 포기해 버린다. 그 생각하는 방식은 자신도 모르는 새에 불운 유전자의 스위치를 켜놓아 버리고 만다.

따라서 거기서 만들어지는 마음 상태는 어차피 해본다 한들 자신에게는 무리라고 생각하거나 후회만 하고 있게 될 뿐이다.

section 8

운 관리(Luck Management) 테크닉

지금까지 언급한 내용을 요약해본다면 바라는 결과를 내고 싶으면 행동을 바꾸어야 하며, 행동을 결정하는 것은 감정이다. 또 우리의 감정을 움직이게 하는 것은 두뇌의 사고시스템이며, 두뇌의 사고시스템을 지배하고 있는 것은 바로 잠재의식이다. 따라서 잠재의식 프로그램을 바꾸는 것이 가장 중요한 선결 요소인 것이다.

자신의 삶의 방식을 바꾸어 '행복한 성공자'가 되기 위해서는 현재의 의식만이 아니라 잠재의식까지 변화시켜야 한다. 현재의 의식에 가장 중요한 영향을 미치는 것은 환경이다.

환경이 인간을 프로그래밍해 간다는 것을 이해하는 것이 중요하며, 과거 어떻게 무슨 프로그래밍이 되었는가는 문제되지 않는다. 중요한 것은 원하는 현실을 만들기 위해서 프로그램을 바꾸는 방법을 알거나 그것을 다르게 실행하는 것이다.

잠재의식의 프로그래밍을 바꿀 수 있는 방법으로 동양학에서는 전통적으로 정(靜)의 기(氣)를 다루는 풍수학을 활용하여 환경을 변화시켰다. 즉 장(場)의 정보 데이터를 바꾸는 것이다. 또 동(動)의 기(氣)를 다루는 제갈공명의 기문둔갑 개운술에 의하면 운을 자기편으로 만들고 자신의 목적에 맞는 성공의 기를 받기 위해서는 행운의 방위를 향해 이동하여 행동하기도 한다.

끝으로 성공한 사람들의 탁월한 행동 습관을 모델링하여 몸에 익히는 것도 무의식의 프로그래밍을 바꾸는 한 방법이다. 이렇게 무의식에 직접적으로 영향을 주어 프로그램을 바꾸려는 의도를 가지지 않으면 무의식의 재 프로그래밍은 성공할 수 없다.

'내일은 어떨까?' 또는 '내년은 무슨 일이 일어날까?'

많은 사람이 미래의 일이 어떻게 변화할지에 마음을 쓴다. 그 결과 많은 술법들이 발달했으나 대부분은 미래를 예측하기에만 머물러 있으며, 그 옛날의 변화가 더디었던 농경사회를 근간으로 한 해석 방식은 변화가 급속하고 복잡다단한 현대 사회에 적용하는 데는 자주 오류를 범한다.

그러므로 필자는 미래를 예측하는 것에 심오한 의미를 두기보다는 동양의 미래를 예측할 수 있는 학문 분야를 해석하고 응용하여 개개인이 바라는 미래를 만들어내도록 자신의 미래를 바꾸는 일이 중요하다고 생각한다.

두뇌에 프로그래밍을 하여 마음 상태를 다지고 사고와 행동을 보다 성공 지향적으로 하는 것은 자신의 미래를 적극적으로 호전시키고 좋은 운으로 바꿀 수 있는 기술 체계를 창조해 낼 수 있는 근간 이론으로서 가치가 크다.

이는 길흉 판단으로 하는 것이 아니고 '먼저 원하는 결과를 분명하게 정하고 그것을 달성하기 위해서는 어떤 마음 상태를 유지해야 하며 언제 어느 방향에서 행동을 일으키면 바라는 결과를 달성하는 것이 가능할 것인가'를 판단한다. 모든 결과는 행동에 의해서 일어난다. 어떤 행동을 하는가에 따라 바로 우리의 내일이 바뀔 수 있다. 자신이 바라는 인생을 살기 위해서는 행동을 변화시켜야 한다.

100억 년 이전의 완전 자연 상태의 빅뱅으로부터 시작된 우주의 탄생을 동양학적 사고체계에서는 기(氣)가 움직이기 시작한 때로 보고, 기의 작용으로 자연적인 사이클, 즉 질서를 만들고 우주를 변화시킨다고 본다.

음(陰)과 양(陽)이라는 두 가지의 상반된 자기장이 생겨서 조화롭게 돌아가는 원리에 따라 우주 만물과 인간을 살아 움직이게 하는 에너지를 바로 기(氣)라고 했으며, 목·화·토·금·수 5가지 오행으로 기의 성분을 구분했다.

동양적 사고 체계에서 기본인 이기론(理氣論)에 의하면 "만물의 이치를 타고 기가 흐른다"는 '이승기행(理承氣行)'이라는 말이 있다. 예를 들자면 나무를 목(木)의 의미로만 해석하는 것이 아니라 5가지 기(氣)인 오행의 성분을 모두 포함하고 있는 하나의 이(理)로 이해해야 한다는 것이다. 실제로 나무를 잘라서 놓아둔 것은 질(質)이며, 질이 된 나무를 태우면 활기를 느끼게 해주는 것은 나무의 이(理)에서 목

(木)의 기(氣)가 발생되기 때문인 것이다.

　대자연을 구성하고 있는 모든 만물들도 이렇게 나무와 마찬가지 방식으로 이기(理氣)의 개념을 이해해야 한다. 다시 말하면 이(理)에서부터 기의 흐름을 알 수 있듯이 이(理)와 기(氣)는 불가분의 관계이며 결코 합쳐져서 하나가 되지도 않는 것이며, 이(理)는 고정된 만물을 의미하고 기(氣)는 변화하고 움직이는 기운이다.

　우리 인간은 오감이 있기에 외부의 기(氣)를 느끼며 외부와 내부의 기가 흐르게 됨으로써 우리를 움직이게 하는 칠정(七情)이라는 기쁨·성냄· 슬픔· 즐거움· 사랑· 사악함· 욕심(喜·怒·哀·樂·愛·惡·慾)감정이 생겨난다. 우리의 몸에 흐르는 기가 급해지면 난폭한 성격이 되며, 느려지면 우울증에 빠지고, 막히면 기절한다. 좌우가 다르게 기가 흐르면 풍이 오고, 상하가 다르게 기가 흐르면 내장에 병이 생긴다.

　언제 어느 방향에서 행동하는 것이 행운을 불러올 수 있는지, 그러한 보이지 않는 에너지를 자기편으로 만들 수 있는지를 예측해 보아야 한다. 언제 어느 방향으로 어떤 기운과 에너지가 모일까를 참조하여 목적이 이루어질 수 있는 성공의 기를 얻기 위해서는 행운의 방향을 향해 행동하는 일이 필요하다.

　제갈공명은 "상대가 여기에 있는 이 시간대라면 자신은 여기로 가는 방향이 좋다. 그러면 상대는 이렇게 움직이니까 이길 수 있다."고 했다. 이처럼 그는 전투를 몇 시에 어디에서 시작한다면 좋은가를 예측하고 움직였던 것이다.

　사람이 행동할 때에는 방향뿐만이 아니라 시간 또한 중요한 요소가 된다. 모든 일에는 적절한 때가 있는 법이다. 제갈공명은 기세의 법칙을 아는 것을 중요시 했다. 기세가 있을 때에는 그 어떤 것도 쓰러뜨릴 수 있는 보통 이상의 힘을 발휘한다. 기세가 지금 어디에 있는 것인지, 지금 누가 기세가 올라있는 것인지를 살피고 행동한다면 뜻밖의 힘을 발휘하여 좋은 결과를 낳고 내일을 변화시키는 일에도 연결될 수 있다. 이것은 좋고 나쁨을 논하는 것은 아니다. '앞질러 가면 남을 제압할 수 있다.'고 하는 것이다. 개인 수준의 대화에서도 마찬가지이다. 사람과 만나기 전에 약속이 정해지면 즉시 그 예로서 사례의 편지와 메일을 보낸다면 누구라도 싫은 기색은 하지 않는다. 상대에게 좋은 인상을 주는 상태에서 실제로 만나는 것과 전혀 인상이 없는 것과는 출발부터 다르다.

일반적으로 인간의 기력은 오전 중에 강하고 오후에는 약하며 저녁에는 휴식을 구한다. 상대와 교섭해야 하는 경우 상대의 사기와 운이 약한 때에, 자신의 운이 강하게 되는 해와 월, 일, 시간을 판단하고 교섭과 승부에 나가서 행동을 한다면 미래를 변화시킬 수 있다. 상대에게 밀릴 수 있는 교섭에서 이길 수 있는 교섭으로 바꾸는 것이 가능하다는 것이다.

동양학의 미래 예측학적 관점을 참조해서 정석대로 잘 활용만 한다면 운의 힘을 얻을 수 있고 미래를 변화시키는 일이 가능하다. 시험이나 취직에서부터 재물을 얻고, 병이 나으며, 창조력을 개발하고, 후원자를 얻는 일 등에 이르기까지 자신이 구하고자 하는 것들에 대해 각각의 행동을 하는 시간과 방향을 고려하는 것이다.

이러한 예측학적 이론들을 잘 해석하고 적용하면 모든 개인의 인생 설계는 물론이고 특히 경영자, 영업맨 등이 스케줄을 짤 때 매우 도움이 될 수 있다.

예를 들면 얼마 전에 어떤 회사의 대표를 코칭한 적이 있다. 그 회사는 수년간 성장하고 있는 추세인데 새로이 기업인수 제안을 받았다고 한다. 그때 동양학적 이론의 적용을 도입하여 유리하게 행운을 불러올 수 있는 여러 가지 방향성과 시간을 결정했다. 그러한 일에 의해 사장 자신의 동기가 높아지고 "이 방법이면 절대로 유리한 조건으로 계약을 성사시킬 수 있다."고 하는 강한 자세로 임하게 되어 유리하게 계약을 성사시켰다.

가만히 있다가 상대와 마주 앉게 되어 의사결정과 판단을 하는 것보다는 결과를 예측하고 확고한 기(氣)로 마음속을 채운 후 대면하게 되면 보다 명확히 자기 페이스를 유지하면서 상대를 리드하고 또 목적 달성에 성공할 수 있다. 다시 말하면 행동에 테마성을 갖게 하는 것이 두뇌가 보다 더 활성화 할 수 있다는 것이다.

목적에 적합한 방향을 보는 것은 성취하고자 하는 목적에 잘 부합되는가를 보는 것이다. 우리는 움직이는 방향의 적합, 부적합 외에도 서로에 대해서 어떠한 움직임이 유리하게 일어날 수 있다고 할 때까지 몰입하고 심사숙고하여 유리한 마음의 에너지(氣)를 충분히 충전할 수 있다.

NLP심리학에서 앵커링(Anchoring)과 미래 가보기(Future

Pacing) 테크닉들은 미래 예측에 활용하는 동양학의 관점에서 본다면 개운(開運) 작업에 비유될 수 있다. NLP심리학 테크닉을 활용하여 동양학적 관점의 개운 작업의 일환으로 다음과 같이 해보자.

- 편안한 마음으로 호흡을 가다듬고, 조용하게 자신의 마음속을 들여다본다는 듯이 응시한다.
- 천천히 현재의 자기 상황을 돌이켜보면서 문제점을 떠올린다.
- 떠오르는 문제 이미지 속에서 무엇이 보이며, 무엇이 들리는지, 어떤 느낌이 드는지 명확히 파악해서 노트에 써 넣는다.
- 그리고나서 다시 심호흡을 하고 마음을 가다듬은 다음에 자신이 원하는 상황을 상상해본다.
- 떠오르는 이미지 속에서 보고, 듣고, 느끼는 것을 세세하게 파악한 후, 현재의 자신과 이상적 자신을 연결하고 있는 것은 무엇인지, 어떻게 하면 연결되는지를 생각해 본다.
- 그리고 원하는 상황에서 되고 싶은 자신이 되어 있는 미래의 자신을 의식한다. 미래의 자신을 향해서 '당신을 만나기 위해서 내가 어떡하면 좋을까?'라고 하는 질문을 한다.
- 재차 미래의 자신을 조용하게 느껴간다. 때로 미래의 자신에게서 오는 대답을 아무 것도 느끼지 못한다고 하는 사람도 있지만 애태우고 무리하게 대답을 얻으려고 하지 말고 마음의 순리와 몸의 소리에 귀를 기울이는 연습을 하다보면 언젠가는 터득하게 될 것이다.

동양학적 관점에서 개운을 한다는 것은 그 목적지에 있는 '靜의 氣'에 '動의 氣'까지 얻어 자신과 공명할 때 좋은 효과를 거둘 수 있다는 의미이다. 즉, 그 목적지에 본래 존재하는 고유의 좋은 기에, 좋은 방향에서 움직여서 적절한 시간대에 이르면 시공간과 인간의 사이에 생기는 마찰에너지가 운을 불러 들인다는 것이다.

좋은 운을 찾아가거나 좋은 운을 끌어들였으면 그것을 오랫동안 지속시키기 위해 관리하는 방법을 유념해야 한다.

첫째, 마음 상태를 바람직하게 해주는 사람과 사귀는 것이다. 자신의 마음을 언제나 좋은 상태로 해주는 사람과 교제하는 것이다. 자신의 의욕을 감퇴시키는 사람과 있으면 운을 놓치기 쉽다. 운이 좋은 사람은 매일의 생활을 즐기고 바람직한 마음 상태로 해주는 사람과 교제한다.

둘째, 비일상적인 체험을 해보려고 하고, 기분 좋은 생활을 하는 것에 언제나 마음을 쓴다. 기분이 좋아지는 장소, 힘이 샘솟는 것 같은 장소로 향해 가는 것이다. 눈으로 볼 수는 없지만, 氣라고 불리는 에너지는 인체를 활성화시키고 정신활동을 높이며 미래 활동을 창조한다. '기'를 모으는 일을 평소부터 의식해서 사는 것이 중요하다. 좋은 기는 좋은 기를 불러들인다. 나쁜 기는 나쁜 기를 불러들인다. 그 다음에 자신의 나쁜 기를 내보내서는 안 된다. 예를 들면 분노를 드러내거나 욕설을 하는 것과 같은 것이다. 나쁜 기를 내보내면 자기 자신에게 나쁜 기를 모으는 일도 된다.

자기 스스로 모은 기의 질과 양이 '인격과 운명'을 결정한다. 그러니까 인격과 운명을 높이고 싶다면 일류 명품의 기에 접촉할 필요가 있다. 일류 명품의 물건에는 일류 명품의 기가 흐르고 있다. 일류 명품 인간에게는 일류 명품의 에너지가 흐르고 있다.

무언가를 이루어낼 가능성이 가장 높은 사람은 높은 관점으로부터 사물을 볼 수 있다. 성공하는 사람은 '성공하는 예감'을 가지고 있다. 그리고 그 예감을 실현할 수 있는 좋은 습관을 가지고 있다. 실패하는 사람은 사물의 좌절과 실패를 유발하는 습관을 가지고 있다. 그 습관이 실패를 이끌어 내는 것이다.

성공하기 위해서는 성공하기 위한 방법보다도 성공한 사람들의 사고방식과 습관을 자신이 스스로 받아들이는 방식이 중요하다. '행복한 인생'이란 행복으로 가득 찬 행동의 결과이다. 성공이란 성공습관의 결과이다. 행복으로 가득 찬 행동과 성공습관을 유발하는 것은 행복으로 가득 찬 장과 환경인 것이다. 장과 환경을 변화시키는 것에서 두뇌시스템을 바꾸고, 그것에 의해 행동과 습관을 바꾸는 기술이 운 관리(Luck Management)의 체계 속에 있다.

section 8

5: 돈에 대한 음양오행론

동양의 사고체계에서 많이 사용되는 사고방식으로 '음양오행'이라는 것이 있다. 오행이론의 상생 상극 관계는 동양사상의 근간을 이루고 있는 우리의 생활철학이다. 옆의 그림을 보면 일목요연하게 이해할 수 있다.

보통 양(陽)은 물질세계를 가리키고, 음(陰)은 정신세계를 가리킨다. 돈은 일반적으로 양을 가리키고 화(火)의 기(氣)라고 말해진다. 그래서 돈이 많이 모이면 양의 화기가 강해지는 듯한 것이기 때문에 화기를 줄여야 한다.

어떻게 해서 줄어들게 할까 음양오행적인 사고체계에서는 수(水)로 줄이고, 혹은 금(金)으로 줄이는 방법이 있다. 예를 들면 화에 수를 끼얹으면 화의 활성이 약해진다. 혹은 화와 금속이 만나면 화는 금속을 녹이려고 해서 스스로를 소모한다.

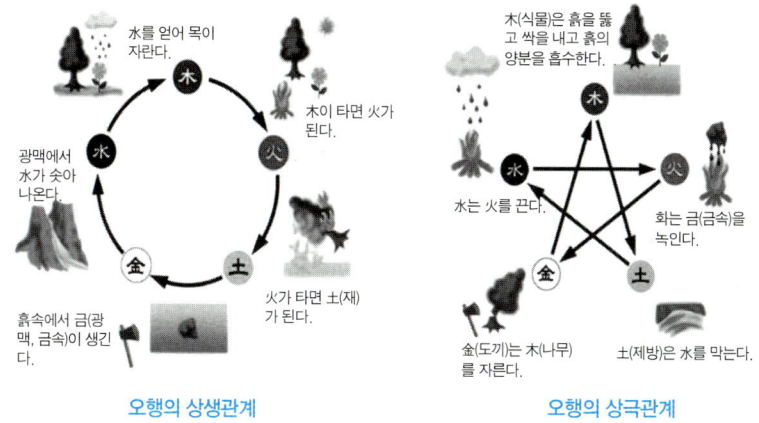

오행의 상생관계 오행의 상극관계

실생활에 비유한다면 어떻게 설명해야 할까? 금에서 소모된다고 하는 것은 예를 들어 보석과 자동차, 예쁜 것, 아름다운 것에 돈을 쓰려고 하는 것으로 볼 수 있고, 수로 소모시킨다고 하는 것은 정신적인 면을 높이기 위해 돈을 사용한다고 할 수 있을 것이다.

그렇게 한다면 균형이 맞춰진다. 균형이 맞춰지지 않으면 불행을 초래할 수 있으므로 소비해야 한다. 균형이 맞춰지면 행운이 될 수 있다. 균형을 맞추는 것은 선악의 문제가 아니라 무언가 에너지를 멈추면 무언가가 파열하기 때문에 현명함과 우둔함의 선택이다. 또한 차를 사랑한다든가, 옷을 사랑한다든가 책상, 음식, 개, 이성을 사랑한다든가 등으로 사랑의 감정을 표출하는 것도 매우 소중한 균형을 취하는 한 가지 방법이다.

균형이 취해져야만 비로소 좋은 인생을 보낼 수 있다. 정말 차를 좋아하는 사람은 항상 차를 깔끔하게 하고 있다. 사랑하고 있기 때문에 차를 깨끗하게 한다는 것이다. 그리고 그 차에 타서 드라이브 한 다는 것은 사랑하는 대상 그 자체가 되어 일체감을 만끽한다는 것이 다. 그런 행위와 감정이 인간 능력과 정신수준을 높여주는 것이다. 예를 들어 최고급 차인 벤츠나 페라리 같은 고급차는 빼어난 지식을 결집하고 혼을 집중적으로 넣어 만들어진 것이기 때문에 가치가 높게 평가된다. 성능 좋은 차, 잘 만들어진 옷 등 높은 레벨의 진짜 명품이 라는 것에는 마음이 들어가 있고 가지고 있는 사람의 수준까지도 높여준다.

돈이 모이지 않는다는 것은 음기가 강한 것이다. 자신은 돈에 인연이 없어서 욕심이 없으니 걱정도 없다고 하는 것은 경솔한 생각이다. 경제적으로 해택받지 못한 사람에게도 걸리기 쉬운 병이 있다. 음기가 지나치게 강하면 일하고 싶어도 일할 수 없게 된다. 결국에는 초조해서 혈관이 끊어질 듯한 병이 되기도 한다. 혹은 자기 자신도 모르는 사이에 행복과는 반대 방향으로 행동해버려서 자연 재해나 돌연한 사고에 휘말리기도 한다.

자연재해라는 것은 음이다. 예를 들면 온난화 현상으로 열을 띠면 지구는 식히려고 한다는 것이다. 그 결과 태풍이나 허리케인 등의 폭풍우가 발생한다. 이것들은 일종의 열을 식히는 것이다. 그리고 음과 양의 관계상 그것에 휘말려 죽는 것은 압도적으로 경제적 약자가 많다. 본래 경제적으로 혜택 받지 못하면 지형이 나쁜 곳에서 살 수밖에 없는 경우가 많기 때문에 더욱 위험이 높게 된다. 예를 들어 홍수가 나면 지형이 낮은 곳에 있기 때문에 침수하게 되지만 이는 고지대에 사는 부자와는 관계없는 이야기이다. 자연재해와 만난다는 것은 운이 나쁜 이야기이지만 그처럼 지형이 나쁜 곳에서 살고 있기 때문에 운까지 나쁘게 되어버린다고 바꾸어 말할 수도 있다. 경제적으로 혜택 받지 못하게 되면 역시운이 나쁘게 되고 다시 돈에 궁하다는 악순환을 낳게 된다.

빈곤과 나쁜 운이 가까이 오지 않게 하기 위해서는 운 관리(Luck management)가 필요하다. 어쨌든 돈에 인연이 없는 사람은 양기가 적기 때문에 양기를 넣는 일이 필요하다. 또는 돈에 대해 공부하고 그리고 두뇌를 사용한다. 부자는 두뇌와 마음을 놀라울 만큼 잘 활용하고 있다. 돈이 없는 사람은 운만을 활용한다고 한다. 운이라고 하는 것은 오른쪽으로 갈까 왼쪽으로 갈까에서 바뀌며, 그 의미는 운에 좌우되기 쉬워서 예상을 할 수 없는 일이다.

운만을 가장 첫째로 기대하고 있는 것은 불운한 사람들이다. 행운을 가진 사람들은 운이 중요하다고 인정해도 그것을 가장 첫 번째로 중시하는 것은 아니다. 자신이 판단한 것과 결단한 것을 최우선시 하고 먼저 자기 힘으로 노력하는 행동을 시도한다. 이 중요한 우선순위를 부자는 잘 이해하고 있다는 것이다.

경제적으로 혜택 받지 못한 사람은 거의 남에게 판단을 맡겨버리는 경향이 있다. 다른 사람에게 의존하여 일을 성취하려는 것이다. 자력으로 행동하지 않고 처음부터 신의 가호나 빌면서 운만을 빌면 누구도 협력해 주지 않는다. 돈이 없는 생활이 상당히 길면 불운에도 익숙해져버리기 때문에 주의가 필요하다.

예를 들어 복권이 당첨되기를 바라면서 매번 복권을 사고 공상을 하면서도 실제 돈 버는 일에는 서툰 사람이 많다. 그래서 돈이 없는 생활에서 쉽사리 벗어날 수 없는 것이다. 음기(陰氣)가 많은, 돈이 없는 생활에서 벗어나기 위해서는 양기(陽氣)의 행동을 늘리는 일이 무엇보다 필요하다. 부자가 되고 싶다면 어쨌든 두뇌를 써서 좋은 것을 보고 경험하고 온몸으로 느껴야 한다.

인생에서 성공하는 비결은 느끼는 능력과 행동하는 능력을 높이는 것이다. 느끼는 힘이야말로 능력을 높이는 최대의 도구이다. 그리고 적극적으로 행동을 일으켜야 한다.

중요한 것은 우선 한 걸음 한 걸음 전진하는 행동을 하는 것이다. 자기 자신이 한 걸음 앞으로 내디디는 일에 의해서 행운의 미래를 얻을 수 있다.

그리고 지금처럼 불확실한 시대에는 행동을 일으키려고 할 때 시행착오를 줄이고 확실한 성공의 지름길을 찾아 운을 강하게 해야 한다. 좋은 운을 알고 그것을 끌어들일 수 있는 방향으로 행동한다면 어떤 일도 해낼 수 있을 것이다. 반대로 나쁜 운이 기다리고 있는데 알지 못한 채로 행동을 하게 된다면 아무리 실력이 있어도 좋은 결과를 낼 수가 없다.

자신에 관해 내적인 탐구를 하는 인간은 자연 속에 흐르는 하늘과 땅의 기운, 음과 양의 기운을 자신을 통해서도 발견한다. 넓은 하늘도, 대지도, 온 우주가 내 안에서 느껴진다. 태양도 달도 내 안에서 느껴진다. 자신의 내면에 들어가면 들어갈수록 모든 것이 느껴지고 깨달아진다. 밖에서 보면 대립해 있는 것처럼 보이는 것, 대극으로 있다고 생각되는 것이 정말은 대립도 아니고 하나의 것으로서 조화되어 존재해 있음을 발견할 수 있다. 그런 사람들은 스스로 자신의 운명을 선택하고 결정할 수 있다.

이제 온갖 것을 분리시킨 과학이 종말을 고하고 온갖 것을 통합하는 과학이 요구되는 시대가 온 것 같다. 그것은 그야말로 내면의 과학으로서 인간의 의식에 관계하고 있는 것이다.

인간의 내면에 태양과 달이 있고 그것이 인간의 성장과 진화에 중요한 관계를 가지고 있다. 태양은 신체의 건강과 관계하고, 달은 인간의 정신 의식과 관계하고 있다. 태양과 지구와 달과 같은 대자연의 과학이 헤아릴 수 없는 가능성을 인류에게 가져다 줄 것이며, 그것이야말로 지금의 인류가 안고 있는 온갖 문제를 해결하는 데 열쇠가 될 수 있을 것이다.

태양, 지구, 달이 나란히 되는 만월의 시기와 태양, 달, 지구가 나란히 되는 초승달 시기에, 지구는 달의 인력과 태양의 열이라고 하는 양쪽으로부터 강한 에너지를 받는다. 지구가 끌어당기는 에너지가 있기 때문에 인간의 뇌 속에도 여러 가지 물리적인 현상이 생긴다.

그 결과 출산과 사망 사고가 많이 나거나 출혈이 많이 나기도 한다. 또 정서가 불안정하게 되는 등 여러 가지 심리적인 현상이 생긴다. 실제로 일본이나 미국에서는 이런 통계적인 연구 결과들이 많이 발표되고 있다. 좌뇌는 태양을 나타내고, 우뇌는 달을 나타내고 있지만 그 중간에 지구를 나타내는 간뇌가 있어서 시상과 시상하부로부터 이루어지는 간뇌는 인간의식의 중추에 있고 초승달과 만월 때에 가장 영향을 받는다는 의미이다.

동양적인 사고는 달의 사고가 강하지만 구미에서는 태양적인 사고가 강하다고 한다. 태양은 물질세계와 현재의 보이는 의식을 나타내고, 달은 정신세계와 잠재의식을 나타낸다고 한다. 태양은 남성을 상징하고 달은 여성을 상징한다. 태양의 시대에서 달의 시대로의 변화 추세는 우리들에게 많은 영향을 준다. 사회구조도 종래의 남성사회로부터 여성 중시사회로 변해가므로, 세계에서도 여성이 활약하는 시대가 되고 여성의 에너지가 특히 높아질 수 있다.

또 말하기 듣기의 파워 밸런스도 변화될 것이다. 말하기 능력은 태양이 지닌 성질에 있고 듣기 능력은 달이 지닌 성질이다. 태양 중심의 에너지를 받은 사람들은 말하기라고 하는 부분만이 강해서 자기 주장이 강하다. 달의 시대가 된다고 하는 것은 말을 들으려고 하는 시대가 온다는 것으로서 듣기 능력에 중점을 두게 될 것이다.

태양이 정 동쪽에서 뜨는 시간에 달은 정 서쪽으로 지며, 달이 정 동쪽에서 뜨는 시간에 태양은 정 서쪽으로 진다. 그때를 춘분과 추분 전후 3일간을 합친 7일간을 의미하는 피안이라 부른다. 이때가 정토의 문으로 인간 의식의 분기점이기도 하다. 일년의 분기점은 입춘점에 있지만 정신의 분기점은 태양이 정동에서 떠올라 정서로 지는 시각에 있다. 달은 항성이 아니라 반사를 하고 있기에 빛과 어둠의 양쪽을 가지고 있다. 요컨대 이것은 사람의 아픔을 이해한다고 하는 것이다. 물론 지구의 위성으로서 움직인다는 에너지도 가지고 있다. 생명체로서 인간을 보면 지구와 달과의 관계가 가장 밀접하다고 생각될 수 있다. 달의 인력은 생명의 탄생에 특별히 큰 영향을 주었기 때문이다. 태양의 기를 바다 속에 품고, 달이 인력에 의해서 생명을 주었다고 하는 사고방식이다.

그러므로 인간의 사고와 경제 등 여러 가지 것이 눈에 보이지 않는 가지가지 에너지의 영향을 받고 있다고 할 수 있다. 그 중에서도 태양과 달은 인간의 생명활동에 강한 영향을 주고 있다.

달과 태양, 즉 음과 양의 균형은 건강에 큰 영향을 준다. 경제, 돈이라는 것은 양의 에너지이다. 손에 넣는 것이고, 즐거운 것도 많이 할 수 있고, 밖으로 향해서 작용하는 것이다.

한편 가족의 사랑이라는 안으로 향하는 요소는 눈에 보이지 않는 음의 에너지이다. 양이 증가한다고 하는 것은 간단히 말하면 물질이 증가한다고 하는 것이고, 양이 감소한다고 하는 것은 물질부족이 된다고 하는 것이다.

6할이 양이고 4할이 음이라고 하는 상태가 건강하게 있을 수 있는 딱 좋은 균형이다. 경제력이 강하게 된다는 이유로 양이 증가해 가면 반대로 음이 약해져 간다. 균형이 무너져간다는 것이다. 그러면 전신이 얼 정도로 차가워져서 죽어가는 질병, 예를 들면 간과 뇌일혈 등에 걸린다. 부자들은 이러한 질병에 주의를 하는 것이 좋다고 한다.

살인과 테러 등에도 주의가 필요하다. 돈이 모이면 양의 기가 증가되기 때문에 그것을 무엇인가로 내보내지 않으면 균형이 없어진다. 그런 의미로 쌓고 지나가면 건강체는 유지할 수 없다. 돈을 많이 번 사람들은 음과 양의 균형을 유지하는 일에 유의해야 한다.

section 8

그냥 시작하라.
지금!

　자신의 삶에서 부와 풍요를 창출해 내기 위해 이 모든 일들을 어떻게 시작하고 자신의 연장 상자 속에 있는 도구들을 어떻게 사용할지를 자신에게 물어보라. 그리고 그냥 시작해라. 지금!

　삶의 풍요함, 영적 성장, 내적 평화, 자신감처럼 부자 의식도 우리 마음속에 있는 생각으로 시작한다. 자신이 부자가 될 자격이 있다고 믿거나 재정적 풍요가 당신에게는 없다는 생각들로 마음속을 채우고 있는가?

　사람들은 끊임없이 자신들의 문제에 사로잡혀서 온종일 생각한다. 실제 유일한 것은 지금 일어나고 있는 것이고, 놀라운 창의력은 현재에서만 발견될 뿐이다. 과거는 영향력이 없고 미래도 영향력이 없다.

　현재의 순간에 원하는 삶의 관점들에 집중하는 것이 중요하다. 우리 자신의 상황이 우리 자신은 아니다. 우리 자신이 단지 일어나게 할 뿐이다. 이러한 이유 때문에 시각화가 변화할 수 있는 것이다. 우리 자신을 제외하고는 그 어느 누구도 자신의 성공, 혹은 실패를 창출할 수 없다는 것을 기억하라. 이것을 이해하고 인정하는 한 우리는 세상을 변화시킬 수 있다. 세 번 정도 심호흡을 하고 공기가 심장을 통하여 흘러서 발을 통과하여 땅 끝까지 흐르고 있다고 상상하면서 부자로 성공하는 시각화 연습을 해보자.

- 조용한 채로 호흡에 집중하면서 자신의 마음속을 관찰한다.
- 판단하지 말고 생각을 바라보고 지나가게 한다. 우리 자신은 생각을 가지고 있는 것일 뿐이고 우리 자신이 생각은 아니라는 것을 확인한다.
- 자기 내면의 조용한 곳, 즉 자유롭고 평온한 곳과 접촉하여 자신의 소망이나 의도를 가능한 한 구체적이고 상세하게 명확히 말한다.
- 자신이 성공의 과정에 있다고 상상한다.
- 각 단계를 정신적으로 상세하게 예행 연습하면서 특히 어려운 순간에 집중하여, 각 조치를 완벽하게 하려고 한다.
- 이 새로운 현실을 불러일으키고 경험하기 위해 모든 감각을 사용한다. 원하는 상황에서 직접 보고 듣고 냄새 맡고 맛보고 느껴본다.
- 소망이 실현된 상황 속에 있는 자신을 상상하고 자신의 성공을 자축한다.
- 이 과정을 반복하고 바위처럼 단단한 믿음이 느껴질 때까지 원하는 상황을 반복해서 경험한다.
- "내 소망이 실현되었고, 내 목표도 이미 달성되었다. 그것은 이미 일어났다." 라고 자신에게 이야기하며 웃으며 감사한다.

- 자신의 소망을 놓아버리고 모든 것이 때가 되면 적당한 형태로 당신에게 다가올 거라는 지혜 속에서 편안한 마음을 갖는다.

이러한 시각화 테크닉을 사용하여 완전한 새로운 가능성의 세계가 당신에게 열려 있음을 알게 될 것이다.

빈털터리가 되고 결코 성공을 달성할 것 같지 않은 사람들은 대개 그 밖의 무언가가 또는 누군가가 "나에게 이렇게 했다."고 생각한다. 만약 자신이 이러한 틀에 박혀 꼼짝 못하고 있을 때, 생각하는 방식을 바꾼다면 인생을 바꿀 수 있다.

'마음은 표현된 당신의 인생'이 아니라, '인생은 당신의 표현된 마음'으로 신념을 뒤집으면 자신이 생각하고 원하는 것을 자신이 창조하는 것이다. 일단 신념을 바꾸고 마음을 바꾸면 세상을 바꾸기 위해 자신의 파워가 드라마틱하게 상승하면서 놀라운 일이 일어나기 시작할 수 있다.

삶은 우리가 믿고 있는 정도로 우리의 생각을 표현한다. 자신의 신념이 확고하지 않다면 주위에 있는 사람들은 우리가 원하는 것을 해낼 수 없다고 우리에게 확신시키려 할 것이다. 아무도 우리 자신의 꿈을 훔쳐가지 못하도록 해야 한다. 그리고 자신의 재정적 자각을 발견할 때 스트레스와 혼란의 고리를 깨버릴 것이고 자유, 평온함, 행복을 경험하며, 자신이 진정으로 원하는 것을 받기 위해 개방적일 수 있다. 인생에서 재정적 풍요를 달성하기 위해서 우리 자신의 부자 의식은 변화해야 한다.

그냥 시작하라, 지금!

시작하기 전에 마지막으로 자신의 운은 어디로 향해 있는가를 살펴보자. 목표가 확실히 결정되어 있는 곳에 운이 모인다. 목표를 확실하게 할수록 우리의 마음도 몸도 자동적으로 미끄러지듯이 목표를 향하여 활동하게끔 생리적으로 준비되어 가는 것이다.

따라서 목표라는 것은 에너지가 집중되어 운이 모아지는 곳이면 명확히 하는 것이 무엇보다 중요하다. 그에 대한 반증으로 목표를 잃거나 없는 사람은 힘이 없어져서 몸 상태가 나빠지거나 자포자기해서 자기 파괴까지 유발하는 심각한 상태에 빠져 있는 사례들을 종종 목격하게 되는 것이다.

심신도 정돈되어 건강상태를 유지하면 에너지가 가득 넘칠 수 있고, 비즈니스에 대해서 에너지가 높아지게 되며, 원하는 부자로 성공하는 운이 찾아온다. 목표를 달성하기 위해서 의식적으로 인생설계도를 그려보고, 그 설계도에 따라 행동을 하며, 그 행동을 습관화시켜서 그 설계도의 내용을 무의식에 전하는 일이 중요하다. 즉 운전하는 것이 습관화되었듯이 목표를 달성하기 위한 행동전략들이 습관화 되어야 한다.

과거에 어떠한 습관들이 프로그램이 되어 있는가는 문제가 아니다. 원하는 현실을 만들기 위해 두뇌속의 기존 프로그램을 변화시키고 재 프로그래밍을 해가는 방법을 알고 그것을 실행해 가는 것이 중요하다.

성공한 사람들의 습관을 몸에 배이게 할 수 없는 많은 사람들은 줄곧 눈에 보이는 것만을 추구했던 성공법칙에 빠져 있다. "어떻게 생활하면 부자가 되는 걸까?"라고 하든가 "어떻게 하면 성공할까?"식으로 현재 의식만으로 생각하고 무의식과 접속하지 않는다. 예를 들어 부자가 되고 싶다고 해서 소위 노하우가 나타나 있는 책을 읽는 것으로는 좀처럼 희망이 이루어지지 않는다. 그것은 "이렇게 하면 부자가 된다."고 하는 저자의 주장과 '다분히 잘하면 되겠지.'라고 하는 자신의 무의식이 조화되지 않기 때문이다. 무의식이라는 것은 습관화된 것이기 때문에 부자로 성공하여 자신만만한 사람과 함께 식사를 하거나 여행하는 등 행동을 함께 하겠다는 목표가 무의식에 깊이 박혀 있는 것이 더 효과적일 것이다.

일본의 本田健이 쓴 『보통사람이 이렇게 억만장자가 되었다』에 의하면 열심히 일해도 부자가 되지 못하는 사람은 주변에 연수 2,500만 엔 이상 버는 사람이 없기 때문이라고 한다. 부자가 되고 싶다면 부자의 세계에 접촉할 필요가 있으며, 접촉하기 위해서는 먼저 행동할 것을 강조한다. 억만장자와 보통사람과는 돈에 대한 의식이 다르다는 것을 다음과 같이 설명하고 있다.

① 좋아하는 것, 흐뭇한 것, 기뻐할 수 있는 것을 일로 하고 있다.
② 성실하고 건강하다.
③ 운이 좋다.
④ 위기를 타고 넘는 힘을 지니고 있다.

⑤ 사람에게 응원 받고 있다.

⑥ 멘토가 있다.

⑦ 파트너와 좋은 관계를 가지고 있다.

⑧ 자녀 교육을 독특하게 생각하고 있다.

⑨ 장기적 시야를 가지고 있다.

⑩ 결단을 능숙하게 하고 있다.

이 책에는 보통사람의 경우 대부분 월급 등 돈의 조건과 일의 장소, 직장 환경 등의 조건으로 지금의 일을 선택하고 있는 것에 비해서 억만장자의 약 80%는 직업과 비즈니스를 선택할 때 자기 능력과 재능을 살릴 수 있는지, 자신에게 가장 좋은 일인지, 어떤 것이 사람을 기뻐하게 하는 일인지를 기준으로 한다고 했다.

얼마만큼 일을 즐기는가, 일을 통해서 사람에게 얼마만큼 공헌할 수 있을까를 생각하는 높은 정신성이 부자들의 두뇌에는 프로그래밍되어 있는 것이다. 이밖에도 억만장자란 부를 끌어당긴 사람으로 유연성이 뛰어나며, 돈벌이 기술보다는 오히려 인간적 매력이 넘치고 능력과 의욕이 높으며 건강하고 에너지를 높게 유지한다. 신체를 위한 음식·영양뿐만이 아니라, 마음의 영양으로서 감동과 사랑, 공헌을 섭취하면서 동기를 강화시키고 자신들의 삶을 풍요롭게 하는 에너지(氣) 속에서 마음과 몸을 확실히 정립하고 있다고 한다.

그냥 시작하라, 지금!

내 안에 잠자는 **성공회로**를 깨우는

화제의 책

성공을 코칭하라

··· 내 삶을 변화시키고 싶을 때

··· 내가 원하는 결과를 얻어내고 싶을 때

··· 내마음을 다스리고 싶을 때

··· 내가 원하는 목표를 달성하고 싶을 때

해답을 찾아보세요!

저자 **박진희** 님은

전세계적으로 폭발적인 관심을 받고 있는 NLP 심리학을 국내에 소개하며 개개인의 우수성 개발을 위한 기술과 방법을 제공하고 있는 주인공이다. 현재 주)WE NLP코칭센터 대표로 활동하며 NLP심리학의 대중화에 앞장서고 있다.

(TEL : (02)515-1326 / www.wenlp.com)

출판의 명가

건강다이제스트 社

TEL.(02)702-6333 www.kunkang.co.kr

헬로우, 머니!

저자 | 박진희

1판 1쇄 인쇄 | 2008년 4월 10일
1판 1쇄 발행 | 2008년 4월 11일

발행처 | 건강다이제스트사
발행인 | 이정숙
디자인 | 김왕기

출판등록 | 1996. 9. 9
등록번호 | 03-935
주소 | 서울특별시 용산구 효창동 5-3호 대신 B/D 3층(우편번호 140-896)
전화 | (02)702-6333   팩스 | (02)706-6334

* 이 책의 판권은 건강다이제스트사에 있습니다.
* 본사의 허락없이 임의로 이 책의 일부 또는 전체를 복사하거나 전재하는 등의 저작권 침해행위를 금합니다.
* 잘못된 책은 교환해 드립니다.
* 저자와의 협의하에 인지는 생략합니다.

값 10,000원
ISBN 978-89-7587-053-8   03320